TRATADO DE LOS DELITOS Y DE LAS PENAS

DEI DELITTI E DELLE PENE

CESARE BECCARIA

Traducido por
JUAN ANTONIO DE LAS CASAS

ÍNDICE

Introducción	1
1. Origen de la penas	5
2. Derecho de castigar	7
3. Consecuencias	10
4. Interpretación de las leyes	13
5. Oscuridad de las leyes	17
6. Proporción entre los delitos y las penas	20
7. Errores en la graduación de las penas	25
8. División de los delitos	28
9. Del honor	32
10. De los duelos	36
11. De la tranquilidad pública	38
12. Fin de las penas	41
13. De los testigos	43
14. Indicios y formas de juicios	47
15. Acusaciones secretas	51
16. De la tortura	54
17. Del fisco	64
18. De los juramentos	67
19. Prontitud de la pena	69
20. Violencias	73
21. Penas de los nobles	75
22. Hurtos	78
23. Infamia	80

24. Ociosos	83
25. Destierros y confiscaciones	85
26. Del espíritu de familia	87
27. Dulzura de las penas	92
28. De la pena de muerte	96
29. De la prisión	108
30. Procesos y prescripciones	113
31. Delitos de prueba difícil	117
32. Suicidio	123
33. Contrabandos	129
34. De los deudores	132
35. Asilos	136
36. De la talla	138
37. Atentados, cómplices, impunidad	140
38. Interrogaciones sugestivas y deposiciones	143
39. De un género particular de delitos	146
40. Falsas ideas de utilidad	148
41. Cómo se evitan los delitos	151
42. De las ciencias	154
43. Magistrados	159
44. Recompensas	160
45. Educación	161
46. Del perdón	163
Conclusión	166

INTRODUCCIÓN

Abandonan los hombres casi siempre las reglas más importantes a la prudencia de un momento, o a la discreción de aquellos cuyo interés consiste en oponerse a las leyes más próvidas; y así como del establecimiento de éstas resultarían universales ventajas, resistiendo al esfuerzo por donde pudieran convertirse en beneficio de pocos, así, de lo contrario, resulta en unos todo el poder y la felicidad, y en otros toda la flaqueza y la miseria. Las verdades más palpables desaparecen fácilmente por su simplicidad, sin llegar a ser comprendidas de los entendimientos comunes. No acostumbran éstos a discurrir sobre los objetos; por tradición, no por examen, reciben de una vez todas las impresiones, de modo que solo se mueven a reconocer y remediar el cúmulo de desórdenes que los oprime cuando han pasado por medio de mil errores en las cosas más esenciales a la vida y a la libertad, y cuando se han cansado de sufrir males sin número.

Las historias nos enseñan que debiendo ser las leyes pactos considerados de hombres libres, han sido partos casuales de una necesidad pasajera; que debiendo ser dictadas por un desapasionado examinador de la naturaleza humana, han sido instrumento de las pasiones de pocos. *La felicidad mayor colocada en el mayor número*, debiera ser el punto a cuyo centro se dirigiesen las acciones de la muchedumbre. Dichosas, pues, aquellas pocas naciones que, sin esperar el tardo y alternativo movimiento de las combinaciones humanas, aceleraron con buenas leyes los pasos intermedios de un camino que guiase al bien, evitando de este modo que la extremidad de los males los forzase a ejecutarlo; y tengamos por digno de nuestro reconocimiento al filósofo que, desde lo oscuro y despreciado de su aposento, tuvo valor para arrojar entre la muchedumbre las primeras simientes de las verdades útiles, por tanto tiempo infructuosas.

Conocemos ya las verdaderas relaciones entre el soberano y los súbditos, y la que tienen entre sí recíprocamente las naciones. El comercio animado a la vista de las verdades filosóficas, comunicadas por medio de la imprenta, ha encendido entre las mismas naciones una tácita guerra de industria, la más humana y más digna de hombres racionales. Estos son los frutos que se cogen a la luz de este siglo; pero muy pocos han examinado y combatido la crueldad de las penas y la irregularidad de los procedimientos criminales, parte de legislacion tan principal y tan descuidada en casi toda Europa. Poquísimos, subiendo a los principios generales, combatieron los errores acumulados de muchos siglos, sujetando a lo menos con aquella fuerza que tienen las verdades conocidas el demasiado libre ejercicio del poder mal dirigido, que tantos ejemplos de fría atrocidad nos presenta autorizados y repetidos. Y aun los gemidos de los infelices sacrificados a la cruel ignorancia y a la insensible indolencia, los bárbaros tormentos con pródiga e inútil severidad multiplicados por delitos o no probados o quiméricos, la suciedad y los horrores de una prisión, aumentados por el más cruel verdugo de los miserables que es la incertidumbre de su suerte, debieran mover aquella clase de magistrados que guía las opiniones de los entendimientos humanos.

El inmortal presidente *de Montesquieu* ha pasado rápidamente sobre esta materia. La verdad indivisible me fuerza a seguir las trazas luminosas de este grande hombre, pero los ingenios contemplativos para quienes escribo sabrán distinguir mis pasos de los suyos. Dichoso yo si pudiese, como él, obtener las gracias secretas de los retirados pacíficos secuaces de la razón, y si pudiese inspirar aquella dulce conmoción con que las almas sensibles responden a quien sostiene los intereses de la humanidad.

ORIGEN DE LA PENAS

Las leyes son las condiciones con que los hombres independientes y aíslados se unieron en sociedad, cansados de vivir en un continuo estado de guerra y de gozar una libertad que les era inútil en la incertidumbre de conservarla. Sacrificaron por eso una parte de ella para gozar la restante en segura tranquilidad. El conjunto de todas estas porciones de libertad, sacrificadas al bien de cada uno, forma la soberanía de una nación, y el soberano es su administrador y legítimo depositario. Pero no bastaba formar este depósito, era necesario también defenderlo de las usurpaciones privadas de cada hombre en particular. Procuran todos no solo quitar del depósito la porción propia, sino usurparse las ajenas. Para evitar estas usurpaciones se necesitaban motivos sensibles que fuesen bastantes a contener el ánimo despótico de cada hombre cuando quisiere sumergir las leyes de la sociedad en su caos antiguo. Estos motivos sensibles son las penas establecidas contra los infractores de aquellas leyes. Llámolos *motivos sensibles* porque la experiencia ha demostrado que la multitud no adopta principios estables de conducta ni se aleja de aquella innata general disolución, que en el universo físico y moral se observa, sino con motivos que inmediatamente hieran en los sentidos, y que de continuo se presenten al entendimiento para contrabalancear las fuertes impresiones de los ímpetus parciales que se oponen al bien universal: no habiendo tampoco bastado la elocuencia, las declamaciones y las verdades más sublimes para sujetar por mucho tiempo las pasiones excitadas con los sensibles incentivos de los objetos presentes.

DERECHO DE CASTIGAR

Toda pena, dice el gran Montesquieu, que no se deriva de la absoluta necesidad, es tiránica; proposición que puede hacerse más general de esta manera: todo acto de autoridad de hombre a hombre que no se derive de la absoluta necesidad, es tiránico. He aquí pues el fundamento del derecho del soberano a penar los delitos: la necesidad de defender el depósito de la salud pública de las particulares usurpaciones; y tanto más justas son las penas, cuanto es más sagrada e inviolable la seguridad y mayor la libertad que el soberano conserva a los súbditos. Consultemos el corazón humano y encontraremos en él los principios fundamentales del verdadero derecho que tiene el soberano para castigar los delitos, porque no debe esperarse ventaja durable de la política moral cuando no está fundada sobre los sentimientos indelebles del hombre. Cualquiera ley que se separe de éstas, encontrará siempre una resistencia opuesta que vence al fin; del mismo modo que una fuerza, aunque pequeña, siendo continuamente aplicada, vence cualquier violento impulso comunicado a un cuerpo.

Ningún hombre ha dado gratuitamente parte de su libertad propia con solo la mira del bien público: esta quimera no existe sino en las novelas. Cada uno de nosotros querría, si fuese posible, que no le ligasen los pactos que ligan a los otros. Cualquier hombre se hace centro de todas las combinaciones del globo.

La multiplicación del género humano, pequeña por sí misma, pero muy superior a los medios que la naturaleza estéril y abandonada ofrecía para satisfacer a las necesidades que se aumentaban cada vez más entre ellos, reunió los primeros salvajes. Estas primeras uniones formaron necesariamente otras para resistirlas, y así el estado de guerra se transfirió del individuo a las naciones.

Fue, pues, la necesidad quien obligó a los hombres para ceder parte de su libertad propia: y es cierto que cada uno no quiere poner en el depósito público sino la porción más pequeña que sea posible, aquélla solo que baste a mover los hombres para que le defiendan. El agregado de todas estas pequeñas porciones de libertad posibles forma el derecho de castigar: todo lo demás es abuso y no justicia; es hecho, no derecho. Obsérvese que la palabra *derecho* no es contradictoria de la palabra *fuerza*; antes bien aquélla es una modificación de ésta, cuya regla es la utilidad del mayor número. Y por justicia entiendo sólo el vínculo necesario para tener unidos los intereses particulares, sin el cual se reducirían al antiguo estado de insociabilidad. Todas las penas que sobrepasan la necesidad de conservar este vínculo son injustas por su naturaleza. También es necesario precaverse de no fijar en esta palabra *justicia* la idea de alguna cosa real, como de una fuerza física o de un ser existente; es solo una simple manera de concebir de los hombres: manera que influye infinitamente sobre la felicidad de cada uno. No entiendo tampoco por esta voz aquella diferente suerte de justicia que dimana de Dios, y que tiene sus inmediatas relaciones con las penas y recompensas eternas.

CONSECUENCIAS

La primera consecuencia de estos principios es que sólo las leyes pueden decretar las penas de los delitos, y esta autoridad debe residir únicamente en el legislador que representa toda la sociedad unida por el contrato social: ningún magistrado (que es parte de ella) puede con justicia decretar a su voluntad penas contra otro individuo de la misma sociedad. Pero una pena que sobrepase el límite señalado por las leyes contiene en sí la pena justa más otra adicional, por consiguiente ningún magistrado bajo pretexto de celo o de bien público puede aumentar la pena establecida contra un ciudadano delincuente.

La segunda consecuencia es que si todo miembro particular se halla ligado a la sociedad, ésta está igualmente ligada con cada miembro particular por un contrato que por su naturaleza obliga a las dos partes. Esta obligación, que descendiendo desde el trono llega hasta las más humildes chozas, y que liga igualmente al más grande y al más miserable entre los hombres, solo significa que el interés de todos está en la observación de los pactos útiles al mayor número. La violación de cualquiera de ellos empieza a autorizar la anarquía[1]. El soberano, que representa la misma sociedad, puede únicamente formar leyes generales que obliguen a todos los miembros, pero no juzgar cuando alguno haya violado el contrato social, porque entonces la nación se dividiría en dos partes: una representada por el soberano, que afirma la violación; y otra por el acusado, que la niega. Es pues necesario que un tercero juzgue de la verdad del hecho. Y veis aquí la necesidad de un magistrado, cuyas sentencias sean inapelables y consistan en meras aserciones o negativas de hechos particulares.

La tercera consecuencia es que cuando se probase que la atrocidad de las penas, si no inmediatamente opuesta al bien público y al fin mismo de impedir los delitos, fuese a lo menos inútil, también en este caso sería no solo contraria a aquellas virtudes benéficas que son el efecto de una razón iluminada, que prefiere mandar a hombres felices más que a una tropa de esclavos, en la cual circule incesante la medrosa crueldad, sino que se opondría a la justicia y a la naturaleza del mismo contrato social.

---

1. La voz obligación es de esas que son más frecuentes en moral que en cualquier otra ciencia, y que son un signo abreviado de un razonamiento y no de una idea: buscad una para la palabra obligación y no la encontraréis; haced un razonamiento, y comprenderéis y seréis comprendidos.

INTERPRETACIÓN DE LAS LEYES

Cuarta consecuencia. Tampoco la autoridad de interpretar las leyes penales puede residir en los jueces criminales, por la misma razón de que no son legisladores. Los jueces no han recibido de nuestros antiguos padres las leyes como una tradición doméstica y un testamento que solo dejase a los venideros el cuidado de obedecerlo, sino que las reciben de la sociedad viviente o del soberano que la representa, como legítimo depositario del resultado actual de la voluntad de todos; las reciben no como obligaciones de un antiguo juramento, nulo, porque ligaba voluntades no existentes, inicuo, porque reducía a los hombres del estado de sociedad al estado de barbarie, sino como efectos de un juramento tácito o expreso que las voluntades reunidas de los súbditos vivientes han hecho al soberano, como vínculos necesarios para sujetar o regir la fermentación interior de los intereses particulares. Esta es la física y real autoridad de las leyes. ¿Quién será, pues, su legítimo intérprete? ¿El soberano, esto es, el depositario de las actuales voluntades de todos, o el juez, cuyo oficio es sólo examinar si tal hombre haya hecho o no una acción contraria a las leyes?

En todo delito el juez debe hacer un silogismo perfecto: la mayor debe ser la ley general, la menor la acción conforme o no a la ley, la consecuencia la libertad o la pena. Cuando el juez por fuerza o voluntad quiere hacer más de un silogismo, se abre la puerta a la incertidumbre.

No hay cosa tan peligrosa como aquel axioma común que propone por necesario consultar el espíritu de la ley. Es un dique roto al torrente de las opiniones. Esta verdad, que parece una paradoja a los entendimientos vulgares, a quienes impresiona más un pequeño desorden presente que las funestas aunque remotas consecuencias nacidas de un falso principio radicado en una nación, la tengo por demostrada. Nuestros conocimientos y todas nuestras ideas tienen una recíproca conexión; cuanto más complicados son, tanto mayor es el número de sendas que llegan y salen de ellas. Cada hombre tiene su punto de vista, y cada hombre en diferentes momentos tiene uno diverso. El espíritu de la ley sería, pues, la resulta de la buena o mala lógica de un juez, de su buena o mala digestión; dependería de la violencia de sus pasiones, de la flaqueza del que sufre, de las relaciones que tuviese con el ofendido y de todas aquellas pequeñas fuerzas que cambian las apariencias de los objetos en el ánimo fluctuante del hombre. Vemos así que la suerte de un ciudadano cambia con frecuencia al pasar por distintos tribunales, y ser las vidas de los miserables víctima de falsos raciocinios o del actual fermento de los humores de un juez, que toma por legítima interpretación la vaga resulta de toda aquella confusa serie de nociones que le mueve la mente. Vemos pues los mismos delitos diversamente castigados por los mismos tribunales en diversos tiempos, por haber consultado no la constante y fija voz de la ley, sino la errante inestabilidad de las interpretaciones.

Un desorden que nace de la rigurosa y literal observancia de una ley penal no puede compararse con los desórdenes que nacen de la interpretación. Obliga este momentáneo inconveniente a practicar la fácil y necesaria corrección en las palabras de la ley, que son la ocasión de la incertidumbre, impidiendo la fatal licencia de raciocinar, origen de las arbitrarias y venales altercaciones. Pero un código fijo de leyes, que se deben observar a la letra, no deja más facultad al juez que la de examinar y juzgar en las acciones de los ciudadanos si son o no conformes a la ley escrita; cuando la regla de lo justo y de lo injusto, que debe dirigir las acciones tanto del ciudadano ignorante como del ciudadano filósofo, es un asunto de hecho y no de controversia; entonces los súbditos no están sujetos a las pequeñas tiranías de muchos, tanto más crueles cuanto es menor la distancia entre el que sufre y el que hace sufrir, más fatales que las de uno solo porque el despotismo de pocos no puede corregirse sino por el despotismo de uno, y la crueldad de un despótico es proporcionada con los estorbos, no con la fuerza. Así adquieren los ciudadanos aquella seguridad de sí mismos, que es justa, porque es el fin que buscan los hombres en la sociedad, que es útil porque los pone en el caso de calcular exactamente los inconvenientes de un mismo hecho. Es verdad que adquirirán un espíritu de independencia, mas no para sacudir el yugo de las leyes ni oponerse a los superiores magistrados, y sí a aquellos que han osado dar el sagrado nombre de virtud a la flaqueza de ceder a sus interesadas o caprichosas opiniones. Estos principios desagradarán a los que establecen como derecho transferir en los inferiores las culpas de la tiranía recibidas de los superiores. Mucho tendría que temer, si el espíritu de tiranía fuese compatible con el espíritu de lectura.

OSCURIDAD DE LAS LEYES

Si es un mal la interpretación de las leyes, es otro evidentemente la oscuridad, que arrastra consigo necesariamente la interpretación, y aun lo será mayor cuando las leyes estén escritas en una lengua extraña para el pueblo, que lo ponga en la dependencia de algunos pocos, no pudiendo juzgar por sí mismo cual será la suerte de su libertad o de sus miembros, en una lengua que forma de un libro público y solemne uno casi privado y doméstico. ¡Qué debemos pensar de los hombres, sabiendo que en una buena parte de la culta e iluminada Europa es esta costumbre inveterada! Cuanto mayor fuere el número de los que entendieren y tuvieren entre las manos el código sagrado de las leyes, tanto menos frecuentes serán los delitos, porque no hay duda de que la ignorancia y la incertidumbre de las penas ayudan la elocuencia de las pasiones.

Una consecuencia de estas últimas reflexiones es que sin leyes escritas una sociedad no tendrá jamás una forma estable de gobierno, en donde la fuerza sea un efecto del todo y no de las partes, y en donde las leyes, inalterables salvo para la voluntad general, no se corrompan pasando por el tropel de los intereses particulares. La experiencia y la razón han demostrado que la probabilidad y certeza de las tradiciones humanas se disminuyen a medida que se apartan de su origen. ¿Pues cómo resistirán las leyes a la fuerza inevitable del tiempo y de las pasiones, si no existe un estable monumento del pacto social?

En esto se echa de ver qué utilidades ha producido la imprenta, haciendo depositario de las santas leyes, no algunos particulares, sino el público, y disipando aquel espíritu de astucia y de trama que desaparece a la luz de las ciencias, en apariencia despreciadas y en realidad temidas de sus secuaces. Esta es la ocasión por la que vemos disminuida en Europa la atrocidad de los delitos que hacían temer a nuestros antiguos, los cuales eran a un tiempo tiranos y esclavos. Quien conoce la historia de dos o tres siglos a esta parte y la nuestra, podrá ver cómo del seno del lujo y de la delicadeza nacieron las más dulces virtudes, la humanidad, la beneficencia y la tolerancia de los errores humanos. Verá cuáles fueron los efectos de aquella que erradamente llamaron antigua simplicidad y buena fe: la humanidad gimiendo bajo la implacable superstición, la avaricia y la ambición de pocos tiñeron con sangre humana los depósitos del oro y los tronos de los reyes, las traiciones ocultas, los estragos públicos, cada noble hecho un tirano de la plebe, los ministros de la verdad evangélica manchando con sangre las manos que todos los días tocaban el Dios de mansedumbre, no son obras de este siglo iluminado, que algunos llaman corrupto.

PROPORCIÓN ENTRE LOS DELITOS Y LAS PENAS

No solo es interés común que no se comentan delitos, sino que sean menos frecuentes en proporción al mal que causan en la sociedad. Así, pues, más fuertes deben ser los motivos que retraigan los hombres de los delitos a medida que son contrarios al bien público, y a medida de los estímulos que los inducen a cometerlos. Debe por esto haber una proporción entre los delitos y las penas.

Es imposible prevenir todos los desórdenes en el combate universal de las pasiones humanas. Crecen éstos en razón compuesta de la población y de la trabazón de los intereses particulares, de tal suerte que no pueden dirigirse geométricamente a la pública utilidad. Es necesario en la aritmética política sustituir la exactitud matemática por el cálculo de la probabilidad. Vuélvanse los ojos sobre la historia, y se verán crecer los desórdenes con los confines de los imperios; y menoscabándose en la misma proporción el sentimiento nacional, se aumenta el impulso hacia los delitos conforme al interés que cada uno toma en los mismos desórdenes: así la necesidad de agravar las penas se dilata cada vez más por este motivo.

Aquella fuerza semejante a un cuerpo grave que oprime a nuestro bienestar no se detiene sino a medida de los estorbos que le son opuestos. Los efectos de esta fuerza son la confusa serie de las acciones humanas: si estas se encuentran y recíprocamente se ofenden, las penas, que yo llamaré *estorbos políticos,* impiden el mal efecto sin destruir la causa impelente, que es la sensibilidad misma inseparable del hombre, y el legislador hace como el hábil arquitecto, cuyo oficio es oponerse a las direcciones ruinosas de la gravedad y mantener las que contribuyen a la fuerza del edificio.

Supuesta la necesidad de la reunión de los hombres y los pactos que necesariamente resultan de la oposición misma de los intereses privados, encontramos con una escala de desórdenes, cuyo primer grado consiste en aquellos que destruyen inmediatamente la sociedad, y el último en la más pequeña injusticia posible cometida contra los miembros particulares de ella. Entre estos extremos están comprendidas todas las acciones opuestas al bien público que se llaman delitos, y todas van aminorándose, por grados insensibles, desde el mayor al más pequeño. Si la geometría fuese adaptable a las infinitas y oscuras combinaciones de las acciones humanas, debería haber una escala correspondiente de penas, en que se graduasen desde la mayor hasta la menos dura; pero bastará al sabio legislador señalar los puntos principales, sin turbar el orden, no decretando contra los delitos del primer grado las penas del último. Y en caso de haber una exacta y universal escala de las penas y de los delitos, tendríamos una común y probable medida de los grados de tiranía y de libertad, y del fondo de humanidad o de malicia de todas las naciones.

Cualquiera acción no comprendida entre los dos límites señalados no puede ser llamada *delito*, o castigada como tal, sino por aquellos que encuentran su interés en darle este nombre. La incertidumbre de estos límites ha producido en las naciones una moral que contradice a la legislación; legislaciones más actuales que se excluyen recíprocamente; una multitud de leyes que exponen el hombre de bien a las penas más rigorosas, ha hecho vagos y fluctuantes los nombres de *vicio* y de *virtud*, ha hecho nacer la incertidumbre de la propia existencia, que produce el letargo y el sueño fatal en los cuerpos políticos. Cualquiera que leyere con ojos de filósofo los códigos de las naciones y sus anales, encontrará casi siempre que los nombres de *vicio* y de *virtud*, de buen *ciudadano* o de *reo* cambian con las revoluciones de los siglos, no en razón de las mutaciones que acaecen en las circunstancias de los países, y por consecuencia siempre conformes al interés común, sino en razón de las pasiones y de los errores de que sucesivamente fueron movidos los legisladores. Verá muchas veces que las pasiones de un siglo son la basa de la moral de los siglos que le siguen, que las pasiones fuertes, hijas del fanatismo y del entusiasmo, debilitadas y carcomidas, por decirlo así, del tiempo, que reduce todos los fenómenos físicos y morales al equilibrio, vienen poco a poco a ser la prudencia del siglo y el instrumento útil en manos del fuerte y del astuto. De este modo nacieron las oscurísimas nociones de honor y de virtud, y son tales porque se cambian con las revoluciones del tiempo, que hace sobrevivir los nombres a las cosas, se cambian con los ríos y con las montañas, que son casi siempre los confines, no solo de la geografía física, pero también de la moral.

Si el placer y el dolor son los motores de los entes sensibles, si entre los motivos que impelen los hombres aun a las más sublimes operaciones fueron destinados por el invisible Legislador el premio y la pena, de la no exacta distribución de éstas nacerá aquella contradicción tanto menos observada, cuanto más común, que las penas castiguen los delitos de que han sido causa. Si se destina una pena igual a dos delitos que ofenden desigualmente la sociedad, los hombres no encontrarán un estorbo muy fuerte para cometer el mayor, cuando hallen en él unida mayor ventaja.

ERRORES EN LA GRADUACIÓN DE LAS PENAS

Las reflexiones precedentes me conceden el derecho de afirmar que la verdadera medida de los delitos es el daño hecho a la nación, y por esto han errado los que creyeron serlo la intención del que los comete. Ésta depende de la impresión actual de los objetos y de la anterior disposición de la mente: que varían en todos los hombres, y en cada uno de ellos, con la velocísima sucesión de las ideas, de las pasiones y de las circunstancias. Sería, pues, necesario formar no un solo código particular para cada ciudadano, sino una nueva ley para cada delito. Alguna vez los hombres con la mejor intención causan el mayor mal en la sociedad, y algunas otras con la más mala voluntad hacen el mayor bien.

Otros miden los delitos más por la dignidad de la persona ofendida que por su importancia respecto del bien público. Si esta fuese la verdadera medida, una irreverencia contra el Ser supremo debería castigarse más atrozmente que el asesinato de un monarca, siendo la diferencia de la ofensa de una recompensa infinita por la superioridad de la naturaleza.

Finalmente algunos pensaron que la gravedad del pecado se considerase en la graduación de los delitos. El engaño de esta opinión se descubrirá a los ojos de un indiferente examinador de las verdaderas relaciones entre hombres y hombres, y entre los hombres y Dios. Las primeras son relaciones de igualdad. La necesidad sola ha hecho nacer del choque de las pasiones y de la oposición de los intereses la idea de la *utilidad común*, que es la basa de la justicia humana. Las segundas son relaciones de dependencia de un Ser perfecto y criador, que se ha reservado a sí solo el derecho de ser a un mismo tiempo legislador y juez porque él solo puede serlo sin inconveniente. Si ha establecido penas eternas contra el que desobedece a su omnipotencia, ¿quién será el necio que osará suplir a la divina justicia, que querrá vindicar un Ser que se basta a sí mismo, que no puede recibir de los objetos impresión alguna de placer o de dolor, y que solo entre todos los seres obra sin relación? La gravedad del pecado depende de la impenetrable malicia del corazón. Esta no puede sin revelación saberse por unos seres limitados. ¿Cómo, pues, se la tomará por norma para castigar los delitos? Podrán los hombres en este caso castigar cuando Dios perdona, y perdonar cuando castiga. Si ellos son capaces de contradecir al Omnipotente con la ofensa, pueden también contradecirle con el castigo.

DIVISIÓN DE LOS DELITOS

Hemos visto que el *daño hecho a la sociedad* es la verdadera medida de los delitos. Verdad palpable, como otras, y que no necesita para ser descubierta cuadrantes ni telescopios, pues se presenta a primera vista de cualquiera mediano entendimiento, pero que por una maravillosa combinación de circunstancias no ha sido conocida con seguridad cierta sino de algunos pocos hombres contemplativos de cada nación y de cada siglo. Las opiniones asiáticas, y las pasiones vestidas de autoridad y de poder, han disipado (muchas veces por insensibles impulsos, y algunas por violentas impresiones sobre la tímida credulidad de los hombres) las simples nociones que acaso formaban la primera filosofía de la sociedad en sus principios, a la cual parece que nos revoca la luz de este siglo con aquella mayor fuerza que puede suministrar un examen geométrico, de mil funestas experiencias y de los mismos impedimentos. El orden proponía examinar y distinguir aquí todas las diferentes clases de delitos y el modo de castigarlos, pero la variable naturaleza de ellos por las diversas circunstancias de siglos y lugares nos haría formar un plan inmenso y desagradable. Bastáranos, pues, indicar los principios más generales y los errores más funestos y comunes para desengañar así los que por un mal entendido amor de libertad querrían introducir la anarquía, como los que desearían reducir los hombres a una regularidad claustral.

Algunos delitos destruyen inmediatamente la sociedad o quien la representa; otros ofenden la seguridad privada de alguno o algunos ciudadanos en la vida, en los bienes o en el honor; y otros son acciones contrarias a lo que cada uno está obligado de hacer, o no hacer, según las leyes, respecto del bien público. Los primeros, que por más dañosos son los delitos mayores, se llaman de lesa majestad. La tiranía y la ignorancia solas, que confunden los vocablos y las ideas más claras, pueden dar este nombre, y por consecuencia la pena mayor, a delitos de diferente naturaleza, y hacer así a los hombres, como en otras infinitas ocasiones, víctimas de una palabra. Cualquier delito, aunque privado, ofende la sociedad, pero no todo delito procura su inmediata destrucción. Las acciones morales, como las físicas, tienen su esfera limitada de actividad y están determinadas diversamente circunscritas por el tiempo y por el espacio, como todos los movimientos de naturaleza; solo la interpretación sofística, que es ordinariamente la filosofía de la esclavitud, puede confundir lo que la eterna Verdad distinguió con relaciones inmutables.

Síguense después de estos los delitos contrarios a la seguridad de cada particular. Siendo este el fin primario de toda sociedad legítima, no puede dejar de señalarse alguna de las penas más considerables, establecidas por las leyes, a la violación del derecho de seguridad adquirido por cada ciudadano.

La opinión que cualquiera de estos debe tener de poder hacer todo aquello, que no es contrario a las leyes, sin temer otro inconveniente que el que puede nacer de la acción misma, debería ser el dogma político creído de los pueblos y predicado por los magistrados con la incorrupta observancia de las leyes; dogma sagrado, sin el cual no puede haber legítima sociedad, recompensa justa de la acción universal, que sacrificaron los hombres, y que siendo común sobre todas las cosas a cualquiera ser sensible, se limita solo por las fuerzas propias. Dogma que forma las almas libres y vigorosas, y los entendimientos despejados, que hace los hombres virtuosos, con aquel género de virtud que sabe resistir al temor, no con aquella abatida prudencia, digna solo de quien puede sufrir una existencia precaria e incierta. Los atentados, pues, contra la seguridad y libertad de los ciudadanos son uno de los mayores delitos, y bajo de esta clase se comprehenden no solo los asesinatos y hurtos de los hombres plebeyos, sino aun los cometidos por los grandes y magistrados, cuya influencia se extiende a una mayor distancia, y con mayor vigor, destruyendo en los súbditos las ideas de justicia y obligación, y sustituyendo en lugar de la primera el derecho del más fuerte, en que peligran finalmente con igualdad el que lo ejercita y el que lo sufre.

DEL HONOR

Hay una contradicción notable entre las leyes civiles, celosas guardas sobre toda otra cosa del cuerpo y bienes de cada ciudadano, y las leyes de lo que se llama *honor*, que da preferencia a la opinión. Esta palabra *honor* es una de aquellas que ha servido de basa a dilatados y brillantes razonamientos, sin fijarle alguna significación estable y permanente. ¡Condición miserable de los entendimientos humanos, tener presentes con más distinto conocimiento las separadas y menos importantes ideas de las revoluciones de los cuerpos celestes que las importantísimas nociones morales, fluctuantes siempre y siempre confusas, según que las impelen los vientos de las pasiones, y que la ciega ignorancia las recibe y las entrega! Pero desaparecerá esta paradoja si se considera que, como los objetos muy inmediatos a los ojos se confunden, así la mucha inmediación de las ideas morales hace que fácilmente se mezclen y revuelvan las infinitas ideas simples que las componen, y confundan las líneas de separación necesarias al espíritu geométrico que quiere medir los fenómenos de la sensibilidad humana. Y se disminuirá del todo la admiración del indiferente indagador de las cosas humanas, que juzgare no ser por acaso necesario tanto aparato de moral, ni tantas ligaduras para hacer los hombres felices y seguros.

Este *honor*, pues, es una de aquellas ideas complejas que son un agregado no solo de ideas simples, sino de ideas igualmente complicadas, que en el vario modo de presentarse a la mente ya admiten y ya excluyen algunos diferentes elementos que las componen; sin conservar más que algunas pocas ideas comunes, como muchas cantidades complejas algebraicas admiten un común divisor. Para encontrar este común divisor en las varias ideas que los hombres se forman del *honor*, es necesario echar rápidamente una mirada sobre la formación de las sociedades. Las primeras leyes y los primeros magistrados nacieron de la necesidad de reparar los desórdenes del despotismo físico de cada hombre; este fue el fin principal de la sociedad, y este fin primario se ha conservado siempre, realmente o en apariencia, a la cabeza de todos los códigos, aun de los que le destruyen; pero el acercamiento de los hombres y el progreso de sus conocimientos han hecho nacer una infinita serie de acciones y necesidades recíprocas de los unos para los otros, siempre superiores a la providencia de las leyes e inferiores al actual poder de cada uno. Desde esta época comenzó el despotismo de la opinión, que era el único medio de obtener de los otros aquellos bienes, y separar de sí los males a que no era suficiente la misma providencia de las leyes. Y la opinión es la que atormenta al sabio y al ignorante, la que ha dado crédito a la apariencia de la virtud más allá de la virtud misma, la que hace parecer misionero aun al más malvado, porque encuentra en ello su propio interés. De esta manera la consideración de los hombres se hizo no solo útil, sino necesaria, para no quedar por debajo del nivel común. Por esto, si el ambicioso los conquista como útiles, si el vano va mendigándolos como testimonios del propio mérito, se ve al hombre honesto procurarlos como necesarios. Este *honor* es una condición que muchísimos incluyen en la existencia propia. Nacido después de la formación de la sociedad, no pudo ser puesto en el depósito común, antes es una instantánea vuelta al estado natural y una substracción momentánea de la propia persona para con las leyes que en aquel caso no defienden suficientemente a un ciudadano.

Por esto en el estado de libertad extrema política, y en el de extrema dependencia, desaparecen las ideas del honor o se confunden perfectamente con otras: porque en el primero el despotismo de las leyes hace inútil la solicitud de la consideración de otros; en el segundo, porque el despotismo de los hombres, anulando la existencia civil, los reduce a una personalidad precaria y momentánea. El honor es, pues, uno de los principios fundamentales de aquellas monarquías que son un despotismo disminuido, y en ellas lo que las revoluciones en los estados despóticos, un momento de retrotracción al estado de naturaleza y un recuerdo al señor de la igualdad antigua.

DE LOS DUELOS

La necesidad del favor de los otros hizo nacer los duelos privados, que tuvieron luego su origen en la anarquía de las leyes. Se pretende que fueron desconocidos en la antigüedad, acaso porque los antiguos no se juntaban sospechosamente armados en los templos, en los teatros y con los amigos; acaso porque el duelo era un espectáculo ordinario y común que los gladiadores esclavos y envilecidos daban al pueblo, y los hombres libres se desdeñaban de ser creídos y llamados gladiadores con los particulares desafíos. En vano los decretos de muerte contra cualquiera que acepta el duelo han procurado extirpar esta costumbre, que tiene su fundamento en aquello que algunos hombres temen más que la muerte, porque el hombre de honor, privándolo del favor de los otros, se imagina expuesto a una vida meramente solitaria, estado insufrible para un hombre sociable, o bien a ser el blanco de los insultos y de la infamia, que con su repetida acción exceden al peligro de la pena. ¿Por qué motivo el vulgo no tiene por lo común desafíos, como la nobleza? No solo porque está desarmado, sino también porque la necesidad de la consideración de los otros es menos común en la plebe que en los nobles, que estando en lugar más elevado se miran con mayores celos y sospechas.

No es inútil repetir lo que otros han escrito, esto es, que el mejor método de precaver este delito es castigar al agresor, entiéndese al que ha dado la ocasión para el duelo, declarando inocente al que sin culpa suya se vio precisado a defender lo que las leyes actuales no aseguran, que es la opinión, mostrando a sus ciudadanos que él teme solo las leyes, no los hombres.

DE LA TRANQUILIDAD PÚBLICA

Finalmente entre los delitos de la tercera especie se cuentan particularmente los que turban la tranquilidad pública y la quietud de los ciudadanos, como los estrépitos y huelgas en los caminos públicos destinados al comercio y paso de los ciudadanos, los sermones fanáticos, que excitan las pasiones fáciles de la curiosa muchedumbre, que toman fuerza con la frecuencia de los oyentes, y más del entusiasmo oscuro y misterioso que de la razón clara y tranquila, pues ésta nunca obra sobre una gran masa de hombres.

La noche iluminada a expensas públicas, las guardias distribuidas en diferentes cuarteles de la ciudad, los morales y simples discursos de la religión reservados al silencio y a la sagrada tranquilidad de los templos protegidos de la autoridad pública, las arengas o informes destinados a sostener los intereses públicos o privados en las juntas de la nación, ya sean en los tribunales, ya en donde resida la majestad del soberano, son los medios eficaces para prevenir la peligrosa fermentación de las pasiones populares. Estos forman un ramo principal de que debe cuidar la vigilancia del magistrado que los franceses llaman *Policía*; pero si este magistrado obrase con leyes arbitrarias y no establecidas de un código que circule entre las manos de todos los ciudadanos, se abre una puerta a la tiranía, que siempre rodea los confines de la libertad política. Yo no encuentro excepción alguna en este axioma general de que cada ciudadano debe saber cuándo es reo y cuándo es inocente. Si los censores o magistrados arbitrarios son por lo común necesarios en cualquier gobierno, nace esto de la flaqueza de su constitución y no de la naturaleza de uno bien organizado. La incertidumbre de la propia suerte ha sacrificado más víctimas a la oscura tiranía que la crueldad pública y solemne. Amotina más que envilece los ánimos. El verdadero tirano empieza siempre reinando sobre la opinión, que previene el coraje, que solo puede resplandecer en la clara luz de la verdad, o en el fuego de las pasiones, o en la ignorancia del peligro.

¿Pero cuáles serán las penas convenientes a estos delitos? ¿Es la muerte una pena verdaderamente útil y *necesaria* para la seguridad y buen orden de la sociedad? ¿Los tormentos son *justos*, y obtienen el *fin* que se proponen las leyes? ¿Cuál es el mejor modo de evitar los delitos? ¿Las mismas penas son igualmente útiles en todos tiempos? ¿Qué influencia tienen ellas sobre las costumbres? Estos problemas merecen ser resueltos con aquella precisión geométrica que la niebla de los sofismas, la elocuencia seductora y la tímida duda no pueden resistir. Si no tuviese otro mérito que el de haber presentado, el primero en Italia, con alguna mayor evidencia lo que otras naciones han osado escribir y comenzado a practicar, me sentiría afortunado; pero si sosteniendo los derechos de la humanidad y de la verdad invencible contribuyese a arrancar de los espasmos y de la angustia de la muerte a alguna víctima infortunada de la tiranía o de la ignorancia, igualmente fatales, las bendiciones y lágrimas de un solo inocente transportado por la alegría me consolarían del desprecio de los hombres.

FIN DE LAS PENAS

Consideradas simplemente las verdades hasta aquí expuestas, se convence con evidencia que el fin de las penas no es atormentar y afligir un ser sensible, ni deshacer un delito ya cometido. ¿Se podrá en un cuerpo político que, bien lejos de obrar con pasión, es el tranquilo moderador de las pasiones particulares, se podrá, repito, abrigar esta crueldad inútil, instrumento del furor y del fanatismo o de los flacos tiranos? ¿Los alaridos de un infeliz revocan acaso del tiempo, que no vuelve, las acciones ya consumadas? El fin, pues, no es otro que impedir al reo causar nuevos daños a sus ciudadanos y retraher a los demás de la comisión de otros iguales. Luego deberán ser escogidas aquellas penas y aquel método de imponerlas que, guardada la proporción, hagan una impresión más eficaz y más durable sobre los ánimos de hombres, y la menos dolorosa sobre el cuerpo del reo.

DE LOS TESTIGOS

Es un punto considerable en toda buena legislación determinar exactamente la credibilidad de los testigos y las pruebas del delito. Cualquier hombre racional, esto es, que tenga una cierta conexión en sus propias ideas y cuyas sensaciones sean conformes a las de los otros hombres, puede ser testigo. La verdadera graduación de su credibilidad está en el interés que tenga en decir o no la verdad, lo que hace frívolo el argumento de la flaqueza de las mujeres, pueril la aplicación de los efectos de la muerte real a la civil en los condenados, e incoherente la nota de infamia en los infames cuando no tienen en mentir interés alguno. La credibilidad, pues, debe disminuirse a proporción del odio, o de la amistad, o de las estrechas relaciones que median entre el testigo y el reo. Siempre es necesario más de un testigo, porque en tanto que uno afirma y otro niega, no hay nada cierto, y prevalece el derecho que cada cual tiene de ser creído inocente. La credibilidad de un testigo viene a ser tanto menor sensiblemente, cuanto más crece la atrocidad de un delito[1] o lo inverosímil de las circunstancias; tales son por ejemplo la magia y las acciones gratuitamente crueles. Es más probable que mientan muchos hombres en la primera acusación, porque es más fácil que se combinen en muchos o la ilusión de la ignorancia o el odio perseguidor, que no que un hombre ejercite tal potestad que Dios, o no ha dado, o ha quitado a toda criatura. Igualmente en la segunda, porque el hombre no es cruel sino a proporción del interés propio, del odio o del temor que concibe. No hay en el hombre propiamente algún principio superfluo; siempre es proporcionado a la resulta de las impresiones hechas sobre los sentidos. Igualmente la credibilidad de un testigo puede disminuirse en ocasiones, cuando fuere miembro de alguna sociedad cuyos usos y máximas sean o no bien conocidas o diversas de las públicas. Semejante hombre no solo tiene sus pasiones propias, tiene también las de los otros.

Finalmente es casi nula la credibilidad del testigo cuando el delito que se averigua consiste en palabras, porque el tono, el gesto, todo lo que precede y lo que sigue las diferentes ideas que los hombres dan a las mismas palabras, las alteran y modifican de tal manera que casi es imposible repetirlas como fueron dichas. Además, las acciones violentas y fuera del uso ordinario, como son los delitos verdaderos, dejan señales de sí en la muchedumbre de las circunstancias y en los efectos que de ellas resultan, pero las palabras no permanecen más que en la memoria por lo común infiel y muchas veces seducida de los oyentes. Es, pues, sin comparación más fácil una calumnia sobre las palabras que sobre las acciones de un hombre, porque en estas, cuanto mayor número de circunstancias se traen para prueba, tanto mayores medios se suministra al reo para justificarse.

---

1. Entre los criminalistas la credibilidad de un testigo es tanto mayor cuanto es más atroz el delito. Véis aquí el axioma ferreo dictado por la imbecilidad más cruel: *In atrocissimis leviores conjecturae sufficiunt, et licet judici jura transgredi*. Traduzcámoslo en vulgar, y vean los europeos una de muchísimas e igualmente racionales máximas a que casi sin saberlo están sujetos. "En los más atroces delitos, esto es, en los menos probables, bastan las más ligeras conjeturas y es lícito al juez pasar por encima de lo prevenido por derecho". Los absurdos prácticos de la legislación son por lo común producidos del temor, manantial principal de las contradicciones humanas. Atemorizados los legisladores (tales son los jurisconsultos autorizados por la suerte para decidir de todo, llegando a ser de escritores interesados y venales, árbitros y legisladores de las fortunas de los hombres) por la condenación de cualquier inocente, cargan la jurisprudencia de inútiles formalidades y excepciones, cuya exacta observancia haría sentar la anárquica impunidad sobre el trono de la justicia; atemorizados por algunos delitos atroces y difí-

ciles de probar, se creyeron en la necesidad de pasar por encima de las mismas formalidades que habían establecido, y así ya con despótica impaciencia o ya con un miedo mujeril, transformaron los juicios graves en una especie de juego en que el acaso y los rodeos hacen la principal figura.

INDICIOS Y FORMAS DE JUICIOS

Hay un teorema general muy útil para calcular la certidumbre de un hecho, por ejemplo la fuerza de los indicios de un delito. Cuando las pruebas del hecho son dependientes la una de la otra, esto es, cuando los indicios no se prueban sino entre sí mismos, cuanto mayores pruebas se traen, tanto menor es la probabilidad del hecho, porque los accidentes que harían fallar las pruebas antecedentes hacen fallar las subsiguientes. Cuando las pruebas del hecho dependen todas igualmente de una sola, el número de ellas no aumenta ni disminuye la probabilidad del hecho, porque todo su valor se resuelve en el valor de aquella sola de quien dependen. Cuando las pruebas son independientes la una de la otra, esto es, cuando los indicios se prueban de otro modo que de sí mismos, cuanto mayores pruebas se traen, tanto más crece la probabilidad del hecho, porque la falacia de una prueba no influye sobre la otra. Hablo de probabilidad en materia de delitos, que para merecer pena deben ser ciertos. Pero desaparecerá la paradoja al que considere que rigurosamente la certeza moral no es más que una probabilidad, pero probabilidad tal que se llama certeza, porque todo hombre de buen sentido consiente en ello necesariamente por una costumbre nacida de la precisión de obrar, y anterior a toda especulación; la certeza que se requiere para asegurar a un hombre reo es, pues, aquella que determina a cualesquiera en las operaciones más importantes de la vida. Pueden distinguirse las pruebas de un delito en perfectas e imperfectas. Llámanse perfectas las que excluyen la posibilidad de que un tal nombre no sea reo, e imperfectas las que no la excluyen. De las primeras una sola es suficiente para la condenación, de las segundas son necesarias tantas cuantas basten a formar una perfecta, vale tanto como decir, si por cada una de éstas en particular es posible que uno no sea reo, por la unión de todas en un mismo sujeto es imposible que no lo sea. Nótese que las pruebas imperfectas de que el reo puede justificarse y no lo hace, según está obligado, se hacen perfectas. Pero esta certeza moral de pruebas es más fácil conocerla que exactamente definirla. De aquí es que tengo por mejor aquella ley que establece asesores al juez principal sacados por suerte, no por elección, porque en este caso es más segura la ignorancia que juzga por dictamen que la ciencia que juzga por opinión. Donde las leyes son claras y precisas, el oficio del juez no consiste más que en comprobar un hecho. Si en buscar las pruebas de un delito se requiere habilidad y destreza, si en el presentar lo que de él resulta es necesario claridad y precisión, para juzgar de lo mismo que resulta no se requiere más que un simple y ordinario buen sentido, menos falaz que el saber de un juez acostumbrado a querer encontrar reos, y que todo lo reduce a un sistema artificial recibido de sus estudios. ¡Dichosa aquella nación donde las leyes no se tratasen como ciencia! Utilísima es la que ordena que cada hombre sea juzgado por sus iguales, porque donde se trata de la libertad y de la fortuna de un ciudadano deben callar los sentimientos que inspira la desigualdad; sin que tenga lugar en el juicio la superioridad con que el hombre afortunado mira al infeliz, y el desagrado con que el infeliz mira al superior. Pero cuando el delito sea ofensa de un tercero, entonces los jueces deberían ser mitad iguales del reo y mitad del ofendido; así balanceándose todo privado interés, que modifica aun involuntariamente las apariencias de los objetos, hablan solo las leyes y la verdad. Es también conforme a la justicia que el reo pueda excluir hasta un cierto número aquellos que le son sospechosos; y que esto le sea concedido sin contradicción, parecerá entonces que el reo se condena a sí mismo. Sean públicos los juicios, y públicas las pruebas del delito, para que la opinión, que acaso es el solo cimiento de la sociedad, imponga un freno a la fuerza y a las pasiones, para que el pueblo diga *nosotros no somos esclavos y estamos defendidos*, sentimiento que inspira esfuerzo y que equivale a un tributo para el soberano que entiende sus verdaderos intereses. No añadiré otros requisitos y cautelas que piden semejantes instituciones. Nada habría dicho, si fuese necesario decirlo todo.

ACUSACIONES SECRETAS

Evidentes, pero consagrados desórdenes son las acusaciones secretas, y en muchas naciones admitidos como necesarios por la flaqueza de la constitución. Semejante costumbre hace los hombres falsos y dobles. Cualquiera que puede sospechar ver en el otro un delator, ve en él un enemigo. Entonces los hombres se acostumbran a enmascarar sus propios dictámenes, y con el hábito de esconderlos a los otros, llegan finalmente a esconderlos de sí mismos. Infelices, pues, cuando han arribado a este punto: sin principios claros que los guíen, vagan desmayados y fluctuantes por el vasto mar de las opiniones, pensando siempre en salvarse de los monstruos que les amenazan; pasan el momento presente en la amargura que les ocasiona la incertidumbre del futuro; privados de los durables placeres de la tranquilidad y seguridad, apenas algunos pocos de ellos repartidos en varias temporadas de su triste vida, y devorados con prisa y con desorden, los consuelan de haber vivido. ¿Y de estos hombres haremos nosotros soldados intrépidos defensores de la patria y del trono? ¿Y entre estos encontraremos los magistrados incorruptos que con libre y patriótica elocuencia sostengan y desenvuelvan los verdaderos intereses del soberano, que lleven al trono con los tributos el amor y las bendiciones de todas los estamentos, y de este modo vuelvan a las casas y campañas la paz, la seguridad y la esperanza industriosa de mejor suerte, útil fermento y vida de los estados?

¿Quién puede defenderse de la calumnia, cuando ella está armada del *secreto*, escudo el más fuerte de la tiranía? ¿Qué género de gobierno es aquel, donde el que manda sospecha en cada súbdito un enemigo, y se ve obligado por el reposo público a dejar sin reposo los particulares?

¿Cuáles son los motivos con que se justifican las acusaciones y penas secretas? ¿La salud pública, la seguridad y conservación de la forma de gobierno? ¿Pero qué extraña constitución es aquella, donde el que tiene consigo la fuerza, y la opinión que es todavía más eficaz, teme a cada ciudadano? ¿Pretende, pues, la indemnidad del acusador? Las leyes no lo defienden bastante; y ¡habrá súbditos más fuertes que el soberano! ¿La infamia del delator? Luego se autoriza la calumnia secreta y se castiga la pública. ¿La naturaleza del delito? Si las acciones indiferentes, si aún las útiles al público, se llaman delitos, las acusaciones y juicios nunca son bastante secretos. ¿Qué? ¿Puede haber delitos, esto es, ofensas públicas, sin que al mismo tiempo sea del interés de todos la publicidad del ejemplo, fin único del juicio? Yo respeto todo gobierno, y no hablo de alguno en particular; tal es alguna vez la naturaleza de las circunstancias, que puede creerse como extrema ruina quitar un mal cuando es inherente al sistema de una nación; pero si hubiese de dictar nuevas leyes, en algún rincón perdido del universo, antes de autorizar esta costumbre me temblaría la mano, y se me pondría delante de los ojos la posteridad toda.

Es opinión del señor de *Montesquieu* que las acusaciones públicas son más conformes al gobierno republicano, donde el bien público debe formar el primer cuidado de los ciudadanos, que al monárquico, donde esta máxima es debilísima por su misma naturaleza, y donde es un excelente establecimiento destinar comisarios, que en nombre público acusen los infractores de las leyes. Pero así en el republicano, como en el monárquico, debe darse al calumniador la pena que tocaría al acusado.

DE LA TORTURA

Una crueldad consagrada por el uso entre la mayor parte de las naciones es la tortura del reo mientras se forma el proceso, o para obligarlo a confesar un delito, o por las contradicciones en que incurre, o por el descubrimiento de los cómplices, o por no sé cual metafísica e incomprensible purgación de la infamia, o finalmente por otros delitos de que podría ser reo, pero de los cuales no es acusado.

Un hombre no puede ser llamado *reo* antes de la sentencia del juez, ni la sociedad puede quitarle la pública protección, sino cuando esté decidido que ha violado los pactos bajo que le fue concedida. ¿Qué derecho, sino el de la fuerza, será el que dé potestad al juez para imponer pena a un ciudadano, mientras se duda si es reo o inocente?

No es nuevo este dilema: o el delito es cierto o incierto; si cierto, no le conviene otra pena que la establecida por las leyes, y son inútiles los tormentos, porque es inútil la confesión del reo; si es incierto, no se debe atormentar un inocente, porque tal es según las leyes un hombre cuyos delitos no está probados. Pero yo añado, que es querer confundir todas las relaciones pretender que un hombre sea al mismo tiempo acusador y acusado, que el dolor sea el crisol de la verdad, como si el juicio de ella residiese en los músculos y fibras de un miserable. Este es el medio seguro de absolver los robustos malvados y condenar los flacos inocentes. Veis aquí los fatales inconvenientes de este pretendido criterio de verdad, pero criterio digno de un caníbal, que aun los Romanos, bárbaros por más de un título, reservaban solo a los esclavos, víctimas de una feroz y demasiado loada virtud.

¿Cuál es el fin político de las penas? El terror de los otros hombres. ¿Pero qué juicio deberemos nosotros hacer de las privadas y secretas carnicerías que la tiranía del uso ejercita sobre los reos y sobre los inocentes? Es importante que todo delito público no quede sin castigo, pero es inútil que se verifique quién haya cometido un delito sepultado en las tinieblas. Un daño hecho, y que no tiene remedio, no puede ser castigado por la sociedad política sino cuando influye sobre los otros ciudadanos con la lisonja de la impunidad. Si es verdad que el número de hombres respetadores de las leyes, o por temor o por virtud, es mayor que el de los infractores, el riesgo de atormentar un solo inocente debe valorarse tanto más, cuanta es mayor la probabilidad en circunstancias iguales de que un hombre las haya más bien respetado que despreciado.

Otro ridículo motivo de la tortura es la purgación de la infamia, esto es, un hombre juzgado infame por las leyes debe para libertarse de esta infamia confirmar la verdad de su deposición con la dislocación de sus huesos. Este abuso no se debería tolerar en el siglo XVIII. Se cree que el dolor, siendo una sensación, purgue la infamia, que es una mera relación moral. ¿Se dirá acaso que el dolor es un crisol? ¿Y la infamia es acaso un cuerpo mixto impuro? No es difícil subir al origen de esta ley ridícula, porque los mismos absurdos adoptados por una nación entera tienen siempre alguna relación con otras ideas comunes y respetadas de la nación misma. Parece este uso tomado de las ideas religiosas y espirituales, que tienen tanta influencia sobre los pensamientos de los hombres, sobre las naciones y sobre los siglos. Un dogma infalible asegura que las manchas contraídas por la fragilidad humana, y que no han merecido la ira eterna del Ser supremo, deben purgarse por un fuego incomprensible; pues siendo la infamia una mancha civil, así como el dolor y el fuego quitan las manchas espirituales, ¿por qué los dolores del tormento no quitarán la mancha civil que es la infamia? Yo creo que la confesión del reo, que en algunos tribunales se requiere como esencial para la condenación, tenga un origen semejante, porque en el misterioso tribunal de la penitencia la confesión de los pecados es parte esencial del sacramento. Veis aquí cómo los hombres abusan de las luces más seguras de la revelación; y así cómo éstas son las que sólo susisten en los tiempos de la ignorancia, así a ellas recurre la humanidad dócil en todas las ocasiones, haciendo las aplicaciones más absurdas y disparatadas. Pero la infamia es un sentimiento no sujeto a las leyes, ni a la razón, sino a la opinión común. La tortura misma ocasiona una infamia real a quien la padece. Así, con este método se quitará la infamia causando la infamia.

El tercer motivo es la tortura que se da a los que se suponen reos cuando en su examen caen en contradicciones, como si el temor de la pena, la incertidumbre del juicio, el aparato y la majestad del juez, la ignorancia, común a casi todos los malvados y a los inocentes, no deban probablemente hacer caer en contradicción al inocente que teme, y al reo que procura cubrirse; como si las contradicciones, comunes en los hombres cuando están tranquilos, no deban multiplicarse en la turbación del ánimo todo embebido con el pensamiento de salvarse del inminente peligro.

Este infame crisol de la verdad es un monumento aún de la antigua y bárbara legislación, cuando se llamaban *juicios* de Dios las pruebas del fuego y del agua hirviendo y la incierta suerte de las armas; como si los eslabones de la eterna cadena que tiene su origen en el seno de la primera Causa debiesen a cada momento desordenarse y desenlazarse por frívolos establecimientos humanos. La diferencia que hay entre la tortura y el fuego y el agua hirviendo, es solo que el resultado de la primera parece que depende de la voluntad del reo, y el de la segunda de lo extrínseco de un hecho puramente físico: pero esta diferencia es solo aparente, y no real. Tan poca libertad hay ahora entre los cordeles y dolores para decir la verdad, como había entonces para impedir sin fraude los efectos del fuego y del agua hirviendo. Todo acto de nuestra voluntad es siempre proporcionado a la fuerza de la impresión sensible, que es su manantial; y la sensibilidad de todo hombre es limitada. Así la impresión del dolor puede crecer a tal extremo que, ocupándola toda, no deje otra liberad al atormentado que para escoger el camino más corto, en el momento presente, y sustraerse de la pena. Entonces la respuesta del reo es tan necesaria como las impresiones del fuego y del agua. Entonces el inocente sensible se llamará reo, si cree con esto hacer cesar el tormento. Toda diferencia entre ellos desaparece por aquel medio mismo que se pretende empleado para encontrarla. Es superfluo duplicar la luz de esta verdad citando los innumerables ejemplos de inocentes que se confesaron reos por los dolores de la tortura: no hay nación, no hay época que no presente los suyos, pero ni los hombres se mudan, ni sacan las consecuencias. No hay hombre si ha girado más allá de las necesidades de la vida, que alguna vez no corra hacia la naturaleza, que con voces secretas y confusas lo llama a sí: pero el uso, tirano de los entendimientos, lo separa y espanta. El resultado, pues, de la tortura es un asunto de temperamento y de cálculo, que varía en cada hombre a proporción de su robustez y de su sensibilidad; tanto que con este método un matemático desatará mejor que un juez este problema: determinada la fuerza de los músculos y la sensibilidad de las fibras de un inocente, encontrar el grado de dolor que lo hará confesar reo de un delito supuesto.

El examen de un reo se hace para conocer la verdad, pero si ésta se descubre difícilmente por el aspecto, el gesto y la fisonomía de un hombre tranquilo, mucho menos se descubrirá en aquel a quien las convulsiones del dolor alteran y hacen faltar todas las señales por donde, aunque a su pesar, sale al rostro de la mayor parte de los hombres la verdad misma. Toda acción violenta hace desaparecer las más pequeñas diferencias de los objetos por las cuales algunas veces se distingue los verdadero de lo falso.

Conocieron estas verdades los legisladores romanos, entre los que no se encuentra usada tortura alguna sino en solo los esclavos, a quienes estaba quitado toda personalidad; las ha conocido la Inglaterra, nación donde la gloria de las letras, la superioridad del comercio y de las riquezas, el poder que a esto es consiguiente, y los ejemplos de virtud y de valor, no dejan dudar de la bondad de las leyes. La tortura ha sido abolida en Suecia, abolida de uno de los más sabios monarcas de la Europa, que colocando sobre el trono la filosofía, legislador amigo de sus vasallos, los ha hecho iguales y libres en la dependencia de las leyes, que es la sola igualdad y libertad que pueden los hombres racionales pretender en las presentes combinaciones de las cosas. No han creído necesaria la tortura las leyes de los ejércitos, compuestos por la mayor parte de la hez de las naciones, y que por esta razón parece debería servir en ellos más que en cualquiera otro estamento. Cosa extraña para quien no considera cuán grande es la tiranía del uso, que las leyes pacíficas deban aprender el más humano método de juzgar de los ánimos endurecidos por los estragos y la sangre.

Esta verdad, finalmente, ha sido conocida, aunque confusamente, de aquellos mismos que más se alejan de ella. No vale la confesión dictada durante la tortura si no se confirma con juramento después de haber cesado ésta, pero si el reo no confirma lo que allí dijo, es atormentado de nuevo. Algunas naciones y algunos doctores no permiten esta infame repetición más que tres veces; otras naciones y otros doctores la dejan al arbitrio del juez: de manera que puestos dos hombres igualmente inocentes o igualmente reos, el robusto y esforzado será absuelto y el flaco y tímido condenado, en fuerza de este exacto raciocinio: "Yo juez debía encontraros reos de tal delito; tú, vigoroso has sabido resistir al dolor, y por esto te absuelvo; tú débil has cedido, y por esto te condeno. Conozco que la confesión que te he arrancado entre la violencia de los tormentos no tendría fuerza alguna; pero yo te atormentaré de nuevo, si no confirmas lo que has confesado".

Una consecuencia extraña que necesariamente se deriva del uso de la tortura es que el inocente se hace de peor condición que el reo; puesto que aplicados ambos al tormento, el primero tiene todas las combinaciones contrarias: porque o confiesa el delito, y es condenado, o lo niega y es declarado inocente, y ha sufrido una pena que no debía; pero el reo tiene un caso favorable para sí, este es, cuando resistiendo a la tortura con firmeza debe ser absuelto como inocente: pues así ha cambiado una pena mayor por una menor. Luego el inocente siempre debe perder y el culpable puede ganar.

La ley que manda la tortura es una ley que dice: "Hombres, resistid al dolor; y si la naturaleza ha criado en vosotros un inextinguible amor propio, y si os ha dado un derecho inalienable para vuestra defensa, yo creo en vosotros un afecto todo contrario, esto es, un odio heroico de vosotros mismos, y os mando que os acuséis, diciendo la verdad cuando se os desgarren los músculos y disloquen los huesos".

Se aplica la tortura para descubrir si el reo lo es de otros delitos fuera de aquellos sobre que se le acusa, cuyo hecho equivale a este raciocinio: "Tú eres reo de un delito, luego es posible que lo seas de otros ciento; esta duda me oprime y quiero salir de ella con mi criterio de la verdad. Las leyes te atormentan porque eres reo, porque puedes ser reo, porque yo quiero que tú seas reo".

Finalmente, la tortura se da a un acusado para descubrir los cómplices de su delito; pero si está demostrado que esta no es un medio oportuno para descubrir la verdad, ¿cómo podrá servir para averiguar los cómplices, que es una de las verdades de cuyo descubrimiento se trata? Como si el hombre que se acusa a sí mismo no acusase más fácilmente a los otros. ¿Es acaso justo atormentar los hombres por el delito de otros? ¿No se descubrirán los cómplices del examen del reo, de las pruebas y cuerpo del delito, del examen de los testigos y en suma de todos aquellos medios mismos que deben servir para certificar el delito en el acusado? Los cómplices por lo común huyen inmediatamente después de la prisión del compañero, la incertidumbre de su suerte los condena por sí sola al destierro y libra a la nación del peligro de nuevas ofensas, mientras tanto la pena del reo que está en su fuerza obtiene el fin que procura, esto es, separar con el terror los otros hombres de semejante delito.

DEL FISCO

Hubo un tiempo en que casi todas las penas eran pecuniarias. Los delitos de los hombres eran el patrimonio del príncipe. Los atentados contra la seguridad pública eran un objeto de lucro. Quien estaba destinado a defenderla tenía interés en verla ofendida. El objeto de las penas era, pues, un pleito entre el fisco (exactor de estas penas) y el reo; un negocio civil, contencioso, privado más que público; que daba al fisco otros derechos fuera de los suministrados por la defensa pública y al reo otras vejaciones fuera de aquellas en que había incurrido, por la necesidad del ejemplo. El juez era, pues, un abogado del fisco más que un indiferente investigador de la verdad, un agente del erario y no el protector y el ministro de las leyes. Pero así como en este sistema el confesarse delincuente era confesarse deudor del fisco, blanco único entonces de los procedimientos criminales, así la confesión del delito, combinada de modo que favorezca y no perjudique las razones fiscales, viene a ser y es actualmente (continuando siempre los efectos después de haber faltado sus causas) el centro en torno al cual giran todos los ordenamientos criminales. Sin ella un reo convicto por pruebas indudables tendrá una pena menor que la establecida, sin ella no sufrirá la tortura sobre otros delitos de la misma especie que pueda haber cometido. Con ella el juez toma posesión del cuerpo del reo, y lo destruye con metódica formalidad, para sacar como de un fondo de ganancia todo el provecho que puede. Probada la existencia del delito, la confesión sirve de prueba convincente, y para hacer esta prueba menos sospechosa se la procura por medio del tormento y los dolores, conviniendo al mismo tiempo en que una deposición extrajudicial tranquila e indiferente, sin los temores de un espantoso juicio, no basta para la condenación. Se excluyen las indagaciones y pruebas que aclaran el hecho, pero que debilitan las razones del fisco; no se omiten alguna vez los tormentos en favor de la flaqueza y de la miseria, sino en favor de las razones que podrían perder este ente imaginario e inconcebible. El juez se hace enemigo del reo, de un hombre encadenado, presa de la suciedad, de los tormentos y de la espectativa más espantosa; no busca la verdad del hecho, busca solo el delito en el encarcelado, le pone lazos y se cree desairado si no sale con su intento, en perjuicio de aquella infalibilidad que el hombre se atribuye en todos sus pensamientos. Los indicios para la captura están al arbitrio del juez; para que un hombre se halle en la precisión de probar su inocencia debe antes ser declarado reo. Esto se llama hacer un *proceso ofensivo*, y tales son los procedimientos en casi todos los lugares de la iluminada Europa en el siglo XVIII. El verdadero proceso, el *informativo*, esto es, según manda la razón, según lo acostumbran las leyes militares, usado aun del mismo despotismo asiático en los casos tranquilos e indiferentes, tiene muy poco uso en los tribunales europeos. ¡Qué complicado laberinto de extraños absurdos, increíbles sin duda a una posteridad más feliz! Sólo los filósofos de aquel tiempo leerán en la naturaleza del hombre la posible existencia de semejante sistema.

DE LOS JURAMENTOS

Una contradicción entre las leyes y los sentimientos naturales del hombre nace de los juramentos que se piden al reo, sobre que diga sencillamente la verdad cuando tiene el mayor interés en encubrirla; como si el hombre pudiese jurar de contribuir seguramente a su destrucción, como si la religión no callase en la mayor parte de los hombres cuando habla el interés. La experiencia de todos los siglos ha hecho ver que excede a los demás abusos el que ellos han hecho de este precioso don del Cielo. ¿Y por qué se ha de creer que los malhechores la respetarán, si los hombres tenidos por sabios y virtuosos la han violado frecuentemente? Los motivos que la religión contrapone al tumulto del temor y deseo de la vida son por la mayor parte muy flacos, porque están muy remotos de los sentidos.

Los negocios del Cielo se rigen con leyes bien diferentes de las que gobiernan los negocios humanos. ¿Y por qué comprometer los unos con los otros? ¿Por qué poner al hombre en la terrible contradicción de faltar a Dios o concurrir a su propia ruina? La ley que ordena el juramento no deja en tal caso al reo más que la elección de ser mártir o mal cristiano. Viene poco a poco el juramento a ser una simple formalidad, destruyéndose por este medio la fuerza de los principios de la religión, única garantía de honestidad en la mayor parte de los hombres. Que los juramentos son inútiles lo ha hecho ver la experiencia, pues cada juez puede serme testigo de no haber logrado jamás por este medio que los reos digan la verdad; lo hace ver la razón, que declara inútiles y por consiguiente dañosas todas las leyes cuando se oponen a los sentimientos naturales del hombre. Acaece a éstas lo que a las compuertas o diques opuestos directamente a la corriente de un río: o son inmediatamente derribados y sobrepujados, o el esfuerzo lento y repetido del agua los roe y mina insensiblemente.

PRONTITUD DE LA PENA

Tanto más justa y útil será la pena, cuanto más pronta fuere y más vecina al delito cometido. Digo más justa, porque evita en el reo los inútiles y fieros tormentos de la incertidumbre, que crecen con el vigor de la imaginación y con el principio de la propia flaqueza; más justa, porque siendo una especie de pena la privación de la libertad, no puede preceder a la sentencia sino en cuanto la necesidad obliga. La cárcel es solo la simple custodia de un ciudadano hasta tanto que sea declarado reo, y esta custodia siendo por su naturaleza penosa, debe durar el menos tiempo posible y debe ser la menos dura que se pueda. El menos tiempo debe medirse por la necesaria duración del proceso, y por la antigüedad de las causas de quienes esperan ser juzgados. La estrechez de la cárcel no puede ser más que la necesaria o para impedir la fuga o para que no se oculten las pruebas de los delitos. El mismo proceso debe acabarse en el más breve tiempo posible. ¿Cuál contraste más cruel que la indolencia de un juez y las angustias de un reo? ¿Las comodidades y placeres de un magistrado insensible, de una parte, y de otra las lágrimas, y la desolación de un encarcelado? En general, el peso de la pena y la consecuencia de un delito debe ser la más eficaz para los otros y la menos dura que fuere posible para quien la sufre; porque no puede llamarse sociedad legítima aquella en donde no sea principio infalible que los hombres han querido sujetarse a los menores males posibles.

He dicho que la prontitud de las penas es más útil, porque cuanto es menor la distancia del tiempo que pasa entre la pena y el delito, tanto es más fuerte y durable en el ánimo la asociación de estas dos ideas, delito y pena, de tal modo que se consideran el uno como causa y la otra como efecto consiguiente y necesario. Está demostrado que la unión de las ideas es el cemento sobre que se forma toda la fábrica del entendimiento humano, sin el cual el placer y el dolor serían impulsos limitados y de ningún efecto. Cuanto más los hombres se separan de las ideas generales y de los principios universales, esto es, cuanto más vulgares son, tanto más obran por las inmediatas y más cercanas asociaciones, descuidando las más remotas y complicadas, que sirven únicamente a los hombres fuertemente apasionados por el objeto a que se dirigen, como que la luz de la atención ilumina sólo éste, dejando los otros en la oscuridad. Sirven igualmente a los entendimientos más elevados, porque tienen adquirido el hábito de pasar rápidamente sobre muchos objetos de una vez, y la facilidad de hacer chocar muchos dictámenes parciales unos con otros, de modo que el resultado, que es la acción, es menos peligroso e incierto.

Es, pues, de suma importancia la proximidad de la pena al delito, si se quiere que en los rudos entendimientos vulgares, a la pintura seduciente de un delito ventajoso, asombre inmediatamente la idea asociada de la pena. La retardación no produce más efecto que desunir cada vez más estas dos ideas, y aunque siempre hace impresión el castigo de un delito, cuando se ha dilatado, la hace menos como castigo que como espectáculo, y no la hace sino después de desvanecido en los ánimos de los espectadores el horror del tal delito particular, que serviría para reforzar el temor de la pena.

Otro principio sirve admirablemente para estrechar más y más la importante conexión entre el delito y la pena, éste es que sea ella conforme cuanto se pueda a la naturaleza del mismo delito.

Esta analogía facilita maravillosamente el choque que debe haber entre los estímulos que impelan al delito y la repercusión de la pena, quiero decir que esta separe y conduzca el ánimo a un fin opuesto de aquel por donde procura encaminarlo la idea que seduce para la infracción de las leyes.

VIOLENCIAS

Unos delitos son atentados contra la persona, otros contra los bienes. Los primeros deben ser castigados infaliblemente con penas corporales: ni el grande, ni el rico deben poder satisfacer por precio los atentados contra el débil y el pobre; de otra manera las riquezas, que bajo la tutela de las leyes son el premio de la industria, se vuelven alimento de la tiranía. No hay libertad cuando algunas veces permiten las leyes que en ciertos acontecimientos el hombre deje de ser persona y se repute como cosa: veréis entonces la industria del poderoso cavilosamente entregada en hacer salir del tropel de combinaciones civiles aquellas que las leyes determinan en su favor. Este descubrimiento es el secreto mágico que cambia los ciudadanos en animales de servicio, que en mano del fuerte es la cadena que liga las acciones de los incautos y de los desvalidos. Ésta es la razón por que en algunos gobiernos, que tienen toda la apariencia de libertad, está la tiranía escondida o se introduce en cualquier ángulo descuidado del legislador, donde insensiblemente toma fuerza y se engrandece. Los hombres por lo común oponen las más fuertes compuertas a la tiranía descubierta, pero no ven el insecto imperceptible que las carcome y abre al río inundador un camino tanto más seguro cuanto más oculto.

PENAS DE LOS NOBLES

¿Cuáles serán, pues, las penas de los nobles, cuyos privilegios forman gran parte de las leyes de las naciones? Yo no examinaré aquí si esta distinción hereditaria entre los nobles y plebeyos sea útil en el gobierno o necesaria en la monarquía; si es verdad que forma un poder intermedio que limita los excesos de ambos extremos, o más bien un estamento que, esclavo de sí mismo y de otros, cierra toda circulación de crédito y de esperanza en un círculo estrechísimo, semejante a las islillas amenas y fecundas que sobresalen en los vastos y arenosos desiertos de Arabia; y que, cuando sea verdad que la desigualdad sea inevitable o útil en la sociedad, sea verdad también que deba consistir más bien en los estamentos que en los individuos, quedarse en una parte más bien que circular por todo el cuerpo político, perpetuarse más bien que nacer y destruirse incesantemente. Me limitaré solo a las penas con que se debe castigar este rango, afirmando ser las mismas para el primero que para el último ciudadano. Toda distinción, sea en los honores, sea en las riquezas, para que se tenga por legítima, supone una anterior igualdad fundada sobre las leyes, que consideran todos los súbditos como igualmente dependientes de ellas. Se debe suponer que los hombres, renunciando a su propio y natural despotismo, dijeron: quien fuere más industrioso tenga mayores honores, y su fama resplandezca en sus sucesores; pero el que es más feliz o más respetado espere más, y no tema menos que los otros violar aquellos pactos con que fue elevado sobre ellos. Es verdad que tales decretos no se hicieron en una dieta del género humano, pero existen en las relaciones inmutables de las cosas; no destruyen las ventajas que se suponen producidas de la nobleza, e impiden sus inconvenientes; hacen formidables las leyes, cerrando todo camino a la impunidad. Al que dijese que la misma pena dada al noble y al plebeyo no es realmente la misma por la diversidad de la educación y por la infamia que se extiende a una familia ilustre, responderé: que la sensibilidad del reo no es la medida de las penas, sino el daño público, tanto mayor cuanto es causado por quien está más favorecido; que la igualdad de las penas no puede ser sino extrínseca, siendo realmente diversa en cada individuo; que la infamia de una familia puede desvanecerse por el soberano con demostraciones públicas de benevolencia en la inocente parentela del reo. ¿Y quién ignora que las formalidades sensibles ocupan el lugar de las razones en el pueblo crédulo y admirador?

HURTOS

Los hurtos que no tienen unida violencia deberían ser castigados con pena pecuniaria. Quien procura enriquecerse de lo ajeno, debiera ser empobrecido de lo propio. Pero como ordinariamente este delito proviene de la miseria y desesperación, cometido por aquella parte infeliz de hombres a quien el derecho de propiedad (terrible, y acaso no necesario derecho) ha dejado solo la desnuda existencia; y tal vez las penas pecuniarias aumentarían el número de los reos conforme creciese el de los necesitados, quitando el pan a una familia inocente para darlo a los malvados, la pena más oportuna será aquella única suerte de esclavitud que se pueda llamar justa, esto es, la esclavitud por cierto tiempo que hace a la sociedad señora absoluta de la persona y trabajo del reo, para resarcirla con la propia y perfecta dependencia del injusto despotismo usurpado contra el pacto social. Pero cuando el hurto sea violento, la pena debe ser una mezcla de corporal y servil. Otros escritores antes que yo han demostrado el evidente desorden que nace cuando no se distinguen las penas que se imponen por hurtos violentos de las que se imponen por hurtos dolosos, igualando con absurdo una gruesa cantidad de dinero a la vida de un hombre; pero nunca es superfluo repetir lo que casi nunca se ha puesto en práctica. Las máquinas políticas conservan más que cualquiera otras el movimiento que reciben y son las más difíciles en adquirir otro nuevo. Éstos son delitos de diferente naturaleza, y es ciertísimo aun en la política aquel axioma de matemática, que entre las cantidades heterogéneas hay una distancia infinita que las separa.

INFAMIA

Las injurias personales y contrarias al honor, esto es, a la justa porción de consideración que un ciudadano puede exigir con derecho de los otros, deben ser castigadas con la infamia. Esta infamia es una señal de la desaprobación pública, que priva al reo de los votos públicos, de la confianza de la patria y de aquella casi fraternidad que la sociedad inspira. No depende solo de la ley. Es, pues, necesario que la infamia de la ley sea la misma que aquella que nace de las relaciones de las cosas, la misma que resulta de la moral universal, o de la particular que depende de los sistemas particulares, legisladores de las opiniones vulgares y de aquella tal nación que inspiran. Si la una es diferente de la otra, o la ley pierde la veneración pública, o las ideas de la moral y de la probidad se desvanecen con menosprecio de las declamaciones, que jamás resisten a los ejemplos. Quien declara infames acciones de suyo indiferentes disminuye la infamia de las que son verdaderamente tales. Las penas de infamia ni deben ser muy frecuentes, ni recaer sobre un gran número de personas a un tiempo: no lo primero, porque los efectos reales de las cosas de opinión siendo demasiado continuos debilitan la fuerza de la opinión misma; no lo segundo, porque la infamia de muchos se resuelve en no ser infame ninguno.

Las penas corporales y dolorosas no deben imponerse sobre delitos que, fundados en el orgullo, consiguen en el dolor mismo gloria y alimento; conviene a éstos la ridiculez y la infamia, penas que enfrenan el orgullo de los fanáticos con el orgullo de los espectadores, y de cuya tenacidad apenas con lentos y obstinados esfuerzos se libra la verdad misma. De este modo, oponiendo fuerzas a fuerzas y opiniones a opiniones, rompa el sabio legislador la admiración y sorpresa del pueblo ocasionada por un falso principio, cuyo absurdo originario suele quedar oculto para el vulgo tras la correcta deducción de las consecuencias.

He aquí un modo de no confundir las relaciones y la naturaleza invariable de las cosas, que, no siendo limitada del tiempo y obrando incesantemente, confunde y desenvuelve todas las reglas limitadas que de ella se separan. No son sólo las artes del gusto y del placer quienes tienen por principio universal la imitación de la naturaleza, la misma política, o a lo menos la verdadera y durable, está sujeta a esta máxima general, ya que ella no es otra cosa que el arte de dirigir y armonizar mejor los sentimientos inmutables de los hombres.

OCIOSOS

El que turba la tranquilidad pública, el que no obedece a las leyes, esto es, a las condiciones con que los hombres se soportan y se defienden recíprocamente, debe ser excluido de la sociedad, quiero decir desterrado de ella. Ésta es la razón por la que los gobiernos sabios no consienten, en el seno del trabajo y de la industria, aquel género de ocio político que los austeros declamadores confunden con el ocio que proviene de las riquezas bien adquiridas, ocio útil y necesario a medida que la sociedad se dilata y la administración se estrecha. Llamo ocio político al que no contribuye a la sociedad ni con el trabajo, ni con las riquezas, que adquiere sin perder nunca, que, venerado del vulgo con estúpida admiración, mirado por el sabio con compasión desdeñosa hacia las víctimas que le sirven de alimento, que, estando privado del estímulo de la vida activa cuya alma es la necesidad de guardar o aumentar las comodidades de la misma vida, deja a las pasiones de opinión, que no son las menos fuertes, toda su energía. No es ocioso políticamente quien goza el fruto de los vicios o de las virtudes de sus mayores, y vende por placeres actuales el pan y la existencia a la industriosa pobreza, que ejercita en paz la tácita guerra de industria con la opulencia, en lugar de la incierta y sanguinaria con la fuerza. Por esto deben las leyes definir cuál ocio es digno de castigo, y no la austera y limitada virtud de algunos censores.

Cuando en un ciudadano acusado de un atroz delito no concurre la certidumbre pero sí gran probabilidad de haberlo cometido, parece debiera decretarse contra él la pena de destierro; mas para determinarlo así es necesario un estatuto el menos arbitrario y el más preciso que sea posible, el cual condene a esta pena la persona del que ha puesto a la nación en la fatal alternativa de temerlo o de ofenderlo, pero siempre reservándole el sagrado derecho de probar su inocencia. Mayores deben ser los motivos contra un nacional que contra un forastero, contra un inculpado por primera vez que contra quien lo ha sido otras veces.

DESTIERROS Y CONFISCACIONES

Pero el que es desterrado y excluido para siempre de la sociedad de que era miembro, ¿deberá ser privado de sus bienes? Esta cuestión puede considerarse con diversos aspectos. Perder los bienes es una pena mayor que la del destierro; luego con proporción a los delitos debe haber casos por donde se incurra en perdimiento de todos o parte de los bienes y casos en que no. El perdimiento de todos debiera verificarse cuando el destierro decretado por la ley fuere tal que anonade todas las relaciones que existen entre la sociedad y un ciudadano reo; muere entonces el ciudadano y queda el hombre, y en el cuerpo político debe producir el mismo efecto que la muerte natural. Parecía, pues, que los bienes quitados al reo debieran tocar a sus legítimos sucesores, más bien que al príncipe, puesto que la muerte y semejante destierro son lo mismo, respecto del propio cuerpo político. Pero no me fundo en esta sutileza para atreverme a desaprobar las confiscaciones de los bienes. Si algunos han sostenido que éstas sirven de freno a las venganzas y prepotencias privadas, no reflexionan que, aun cuando las penas produzcan un bien, no por esto son siempre justas, porque para ser tales deben ser necesarias, y una injusticia útil no puede ser tolerada de un legislador que quiere cerrar todas las puertas a la tiranía vigilante, que lisonjea con el bien de un momento y con la felicidad de algunos personajes esclarecidos, despreciando el extermino futuro y las lágrimas de infinitos oscuros. Las confiscaciones ponen precio a las cabezas de los flacos, hacen sufrir al inocente la pena del reo, y conducen los inocentes mismos a la desesperada necesidad de cometer los delitos. ¡Qué espectáculo más triste, que una familia arrastrada a la infamia y a la miseria por los delitos de su jefe, a la que la sumisión ordenada por las leyes impediría prevenir- los, aun cuando hubiese medios para hacerlo!

DEL ESPÍRITU DE FAMILIA

Estas injusticias autorizadas y repetidas fueron aprobadas de los hombres aun más iluminados, y ejercitadas en las repúblicas más libres, por haber considerado la sociedad no como unión de hombres, sino como unión de familias. Supongamos cien mil hombres, o veinte mil familias, que cada una se componga de cinco personas, comprendida su cabeza que la representa: si la sociedad está constituida por familias, habrá veinte mil hombres y ochenta mil esclavos; si lo está por hombres, no habrá esclavo alguno y sí cien mil ciudadanos. En el primer caso habrá una república, y veinte mil pequeñas monarquías que la componen; en el segundo el espíritu republicano no solo respirará en las plazas y juntas públicas de la nación, sino también entre las paredes domésticas, donde se encierra gran parte de la felicidad o de la miseria de los hombres. En el primer caso, como las leyes y las costumbres son el efecto de los sentimientos habituales de los miembros de la república, o sea los cabezas de familia, el espíritu monárquico se introducirá poco a poco en la misma república; y sus efectos serán contenidos únicamente por los intereses opuestos de cada uno, pero ya no por un sentimiento que respire igualdad y libertad. El espíritu de familia es un espíritu de detalle y limitado a los hechos pequeños. El espíritu regulador de las repúblicas, dueño de los principios generales, ve los hechos y los distribuye en las clases principales e importantes al bien de la mayor parte. En la república de familias los hijos permanecen en la potestad del padre en cuanto vive, y están obligados a esperar por solo el medio de su muerte la existencia que dependa únicamente de las leyes. Acostumbrados a temer y rogar en la edad más sazonada y vigorosa, cuando los sentimientos están menos modificados por aquel temor de experiencia que se llama moderación, ¿cómo resistirán a los estorbos que el vicio opone siempre a la virtud en la edad cansada y descaecida, en que la ninguna esperanza de ver los frutos se opone a vigorosas mutaciones?

Cuando la república es de hombres, la familia no es una subordinación de mando, sino de contrato, y los hijos, al tiempo que la edad los saca de la dependencia de naturaleza, por su flaqueza y necesidad de educación y defensa, vienen a ser miembros libres de la ciudad, y se sujetan al cabeza de familia por participar sus ventajas, como los hombres libres en las grandes sociedades. En el primer caso, los hijos, esto es, la parte más grande y más útil de la nación, están a la discreción de los padres. En el segundo no subsiste otro vínculo de mando que el sacro e inviolable de suministrarse recíprocamente los socorros necesarios, y el de la gratitud por los beneficios recibidos, que no es tan destruido de la malicia del corazón humano, cuanto de una mal entendida sujeción decretada por las leyes.

Semejantes contradicciones entre las leyes de familia y las fundamentales de la república son un manantial fecundo de otras entre la moral doméstica y la pública, de donde se origina un conflicto perpetuo en el ánimo de los hombres. La primera inspira sujeción y temor, la segunda valor y libertad; aquélla enseña a limitar la beneficencia sobre un corto número de personas sin espontáneo escogimiento, ésta a dilatarla sobre toda clase de hombres; aquélla manda un continuo sacrificio de sí mismo a un ídolo vano que se llama bien de familia, que muchas veces no es el bien de alguno que la compone; ésta enseña el modo de servir a los propios adelantamientos sin ofender las leyes, o excita para sacrificarse a la patria con el premio del fanatismo, que prepara la acción. Tales contrastes hacen que los hombres se desdeñen de seguir la virtud, que encuentran oscurecida y confusa, en aquella distancia que nace de las tinieblas de los objetos tanto físicos como morales. ¡Cuántas veces un hombre, recordando sus acciones pasadas, queda atónito considerando que han sido poco honestas! Al paso que la sociedad se multiplica, cada miembro viene a ser más pequeña parte del todo, y el sentimiento republicano se disminuye a proporción, si las leyes no cuidan de reforzarlo. Las sociedades, como los cuerpos humanos, tienen sus límites señalados, y creciendo más allá de ellos, la economía se desentona necesariamente. Parece que la masa de un estado debe ser en razón inversa de la sensibilidad de quien la compone, porque de otra manera, aumentándose la una y la otra, las buenas leyes encontrarán al estorbar los delitos un impedimento en el bien mismo que han producido. Una república muy vasta no se liberta del despotismo sino subdividiéndose y uniéndose en muchas repúblicas federativas. ¿Pero cómo se conseguirá esto? Con un dictador despótico, que tenga el valor de Sila y tanto genio de edificar como él tuvo de destruir. Un hombre así, si fuere ambicioso, le espera la gloria de todos los siglos; si fuere filósofo, las bendiciones de sus ciudadanos le consolarán en la pérdida de su autoridad, aun cuando no fuese indiferente a su ingratitud. A medida que los sentimientos que nos unen a la nación se debilitan, se refuerzan los sentimientos por los objetos que nos rodean, y por esta razón bajo el despotismo más fuerte las amistades son más durables, y las virtudes de familia (siempre medianas) son las más comunes, o más bien las únicas. De aquí puede cualquiera inferir cuán limitadas han sido las miras de la mayor parte de los legisladores.

DULZURA DE LAS PENAS

Pero el curso de mis ideas me ha sacado fuera de mi asunto, a cuya declaración debo sujetarme. No es la crueldad de las penas uno de los más grandes frenos de los delitos, sino la infalibilidad de ellas, y por consiguiente la vigilancia de los magistrados, y aquella severidad inexorable del juez, que, para ser virtud útil, debe estar acompañada de una legislación suave. La certidumbre del castigo, aunque moderado, hará siempre mayor impresión que el temor de otro más terrible, unido con la esperanza de la impunidad; porque los males, aunque pequeños, cuando son ciertos, amedrentan siempre los ánimos de los hombres, y la esperanza, don celestial, que por lo común tiene lugar en todo, siempre separa la idea de los mayores, principalmente cuando la impunidad, tan conforme con la avaricia y la flaqueza, aumentan su fuerza. La misma atrocidad de la pena hace que se ponga tanto más esfuerzo en eludirla y evitarla, cuanto es mayor el mal contra quien se combate; hace que se cometan muchos delitos para huir la pena de uno solo. Los países y tiempos de los más atroces castigos fueron siempre los de más sanguinarias e inhumanas acciones, porque el mismo espíritu de ferocidad que guiaba la mano del legislador, regía la del parricida y del matador. Sentado en el trono dictaba leyes de hierro para almas atroces de esclavos que obedecían. En la oscuridad privada estimulaba a sacrificar tiranos para crear otros de nuevo.

Al paso que los castigos son más crueles, los ánimos de los hombres, que como los fluidos se ponen a nivel con los objetos que los rodean, se endurecen, y la fuerza siempre viva de las pasiones es causa de que, al fin de cien años de castigos crueles, la rueda se tema tanto como antes la prisión. Para que una pena obtenga su efecto, basta que el mal de ella exceda al bien que nace del delito, y en este exceso de mal debe ser calculada la infalibilidad de la pena y la pérdida del bien que el delito produciría. Todo lo demás es superfluo y, por tanto, tiránico. Los hombres se regulan por la repetida acción de los males que conocen, y no por la de aquellos que ignoran. Supongamos dos naciones, y que en la una, en la escala de penas proporcionadas a la escala de delitos, la pena mayor sea la esclavitud perpetua, y en la otra la rueda. Yo afirmo que la primera tendrá tanto temor de su mayor pena como la segunda; y si hay razón para transferir a la primera las penas mayores de la segunda, la misma razón servirá para acrecentar las penas de esta última, pasando insensiblemente desde la rueda a los tormentos más lentos y estudiados, y hasta los últimos refinamientos de la ciencia demasiado conocida por los tiranos.

Otras dos consecuencias funestas y contrarias al fin mismo de estorbar los delitos se derivan de la crueldad de las penas. La primera es que no resulta tan fácil guardar la proporción esencial entre el delito y la pena, porque aun cuando una crueldad industriosa haya variado mucho sus especies, no pueden éstas nunca pasar más allá de aquella última fuerza a que está limitada la organización y sensibilidad humana. Y en habiendo llegado a este extremo, no se encontraría pena mayor correspondiente a los delitos más dañosos y atroces, como era necesaria para estorbarlos. La otra consecuencia es que la impunidad misma nace de la atrocidad de los castigos. Los hombres están reclusos entre ciertos límites, tanto en el bien como en el mal, y un espectáculo muy atroz para la humanidad podrá ser un furor pasajero, pero nunca un sistema constante, cual deben ser las leyes; que si verdaderamente son crueles, o se mudan, o la impunidad fatal nace de las mismas leyes.

¿Quién al leer las historias no se llena de horror contemplando los bárbaros e inútiles tormentos que con ánimo frío fueron inventados y ejecutados por hombres que se llamaban sabios? ¿Quién podrá no sentir un estremecimiento interior y doloroso al ver millares de infelices, a quienes la miseria, o querida o tolerada de las leyes, que siempre han favorecido a los pocos y abatido a los muchos, obligó y condujo a un retroceso desesperado sobre el primer estado de naturaleza, o acusados de delitos imposibles y fabricados por la temerosa ignorancia, o reos solo de ser fieles a los propios principios, despedazados con supuestas formalidades y pausados tormentos, por hombres dotados de los mismos sentidos, y por consiguiente de las mismas pasiones, agradable espectáculo de una muchedumbre fanática?

DE LA PENA DE MUERTE

Esta inútil prodigalidad de suplicios, que nunca ha conseguido hacer mejores a los hombres, me ha obligado a examinar si la muerte es verdaderamente útil y justa en un gobierno bien organizado. ¿Qué derecho pueden atribuirse los hombres para despedazar a sus semejantes? Por cierto no el que resulta de la soberanía y de las leyes. Ellas no son sino una suma de mínimas porciones de la libertad privada de cada uno. Ellas representan la voluntad general, que es el agregado de las particulares ¿Quién es aquel que ha querido dejar a los otros hombres el arbitrio de hacerlo morir? ¿Cómo puede decirse que en el mínimo sacrificio de la libertad de cada uno se halla aquel de la vida, grandísimo entre todos los bienes? Y si así fuera, ¿cómo se concuerda tal principio con el otro en que se afirma que el hombre no es dueño de matarse? Debía de serlo si es que pudo dar a otro, o a la Sociedad entera, este dominio.

No es, pues, la pena de muerte derecho, cuando tengo demostrado que no puede serlo: es solo una guerra de la nación contra un ciudadano, porque juzga útil o necesaria la destrucción de su ser. Pero si demostrase que la pena de muerte no es útil, ni es necesaria, habré vencido la causa en favor de la humanidad.

Por solos dos motivos puede creerse necesaria la muerte de un ciudadano. El primero, cuando aun privado de libertad, tenga tales relaciones y tal poder que comprometa la seguridad de la nación; cuando su existencia pueda producir una revolución peligrosa en la forma de gobierno establecida. Entonces será su muerte necesaria cuando la nación recupera o pierde la libertad, o en el tiempo de la anarquía, cuando los mismos desórdenes tienen el lugar de las leyes; pero durante el reino tranquilo de éstas, en una forma de gobierno por la cual los votos de la nación estén reunidos, bien prevenida dentro y fuera con la fuerza y con la opinión, acaso más eficaz que la misma fuerza, donde el mando reside solo en el verdadero soberano, donde las riquezas compran placeres y no autoridad, no veo yo necesidad alguna de destruir a un ciudadano, a menos que su muerte fuese el verdadero y único freno que contuviese a otros, y los separase de cometer delitos, segundo motivo por el que puede considerarse justa y necesaria la pena de muerte.

Cuando la experiencia de todos los siglos, en los que el último suplicio no ha contenido a los hombres determinados a ofender a la sociedad, cuando el ejemplo de los ciudadanos romanos, y veinte años de reinado de la Emperatriz Isabel de Moscovia, en que dio a los padres de los pueblos este ilustre ejemplo, que equivale cuando menos a muchas conquistas compradas con la sangre de los hijos de la patria, no persuadiesen a los hombres, que siempre tienen por sospechoso el lenguaje de la razón y por eficaz el de la autoridad: basta consultar la naturaleza del hombre para conocer la verdad de mi aserción.

No es lo intenso de la pena, sino su extensión, lo que produce mayor efecto sobre el ánimo de los hombres; porque a nuestra sensibilidad mueven con más facilidad y permanencia las continuas, aunque pequeñas impresiones, que una u otra pasajera, y poco durable, aunque fuerte. El imperio de la costumbre es universal sobre todo ente sensible, y como por su enseñanza el hombre habla y camina, y provee a sus necesidades, así las ideas morales no se imprimen en la imaginación sin durables y repetidas percusiones. No es el freno más fuerte contra los delitos el espectáculo momentáneo, aunque terrible, de la muerte de un malhechor, sino el largo y dilatado ejemplo de un hombre, que convertido en bestia de servicio y privado de libertad, recompensa con sus fatigas aquella sociedad que ha ofendido. Es eficaz, porque con la vista continua de este ejemplo resuena incesantemente alrededor de nosotros mismos el eco de esta sentencia: yo también seré reducido a tan dilatada y miserable condición, si cometiere semejantes delitos. Es mucho más poderosa que la idea de la muerte, a quien los hombres miran siempre en una distancia muy confusa.

La pena de muerte hace una impresión, que con su fuerza no suple al olvido pronto, natural en el hombre, aun en las cosas más esenciales, y acelerado con la fuerza de las pasiones. Regla general: las pasiones violentas sorprenden los ánimos, pero no por largo tiempo, y por esto son a propósito para causar aquellas revoluciones, que de hombres comunes hacen persas o lacedemonios; pero en un gobierno libre y tranquilo, las impresiones deben ser más frecuentes que fuertes.

La pena de muerte es un espectáculo para la mayor parte y un objeto de compasión mezclado con desagrado para algunos; las resultas de estos diferentes pareceres ocupan más el ánimo de los concurrentes que el terror saludable que la ley pretende inspirar. Pero en las penas moderadas y continuas el parecer dominante es el último, porque es el único. El límite que debería fijar el legislador al rigor de la pena parece que consiste en el sentimiento de compasión, cuando empieza a prevalecer sobre toda otra cosa en el ánimo de los que ven ejecutar un suplicio más dispuesto para ellos que para el reo.

Para que una pena sea justa, no debe tener más que los grados de intensidad que bastan para separar a los hombres de los delitos; ahora bien, no existe nadie que con reflexión pueda escoger la total y perpetua pérdida de la libertad propia, por muy ventajoso que pueda ser un delito: por tanto la intensidad de la pena de esclavitud perpetua en sustitución de la pena de muerte tiene lo que basta para disuadir cualquier ánimo determinado. Añado que tiene más: muchísimos miran la muerte con una vista tranquila y entera, quien por fanatismo, quien por vanidad, que casi siempre acompaña al hombre más allá del sepulcro; quien por un esfuerzo último y desesperado, o de no vivir, o salir de miseria; pero ni el fanatismo ni la vanidad están entre los cepos y las cadenas, bajo el azote, bajo del yugo, en una jaula de hierro; y el desesperado no acaba sus males si no los principia. Nuestro ánimo resiste más bien a la violencia y dolores extremos si son breves que al tiempo y enojo incesante, porque él puede (por decirlo así) reunirse todo en sí mismo por un momento para sufrir los primeros, pero su vigorosa elasticidad no es bastante a contrarrestar la repetida acción de los segundos. Cualquier ejemplo que se da a la nación con la pena de muerte supone un delito; en la pena de esclavitud perpetua, un solo delito da muchísimos y durables ejemplos; y si es importante que los hombres vean de continuo el poder de las leyes, no deben las penas de muerte ser muy distantes entre ellos, sino continuas; luego suponen la frecuencia de los delitos, luego para que este suplicio sea útil es necesario que no haga sobre los hombres toda la impresión que debería hacer, esto es, que sea útil e inútil al mismo tiempo. Si se me dijese que la esclavitud perpetua es tan dolorosa, y por tanto igualmente cruel que la muerte, responderé que sumando todos los movimientos infelices de la esclavitud lo será aún más; pero estos se reparten sobre toda la vida, y aquella ejercita toda su fuerza en un momento; y en esto se halla la ventaja de la pena de esclavitud, que atemoriza más a quien la ve que a quien la sufre; porque el primero considera todo el conjunto de momentos infelices, y el segundo está distraído de la infelicidad del momento futuro con la del presente. Todos los males se acrecientan en la imaginación, y quien los sufre encuentra recursos y consuelos no conocidos, ni creídos, de los que los observan, porque substituyen la sensibilidad propia al ánimo endurecido del infeliz.

He aquí, poco más o menos, el razonamiento que hace un ladrón o un asesino, cuando solo tienen por contrapeso para no violar las leyes, la horca o la rueda. Bien sé que desenredar y aclarar los dictámenes interiores del propio ánimo es un arte que se aprende con la educación; pero estos principios no obran menos en un malhechor porque no sepa explicarlos. ¿Cuáles son (dice) estas leyes, que debo respetar, que dejan tan grande diferencia entre yo y el rico? El me niega un dinero que le pido y se escusa con mandarme un trabajo que no conoce. ¿Quién ha hecho estas leyes? Hombres ricos y poderosos, que no se han dignado ni aun visitar las miserables chozas de los pobres, que nunca han dividido un pan duro y amohecido entre los inocentes gritos de los hambrientos hijuelos y las lágrimas de la mujer. Rompamos estos vínculos fatales a la mayor parte y útiles a algunos pocos e indolentes tiranos, acometamos la injusticia en su origen. Volveré a mi primer estado de independencia natural, viviré libre y feliz por algún tiempo con los frutos de mi valor y de mi industria; vendrá acaso el día del dolor y del arrepentimiento, pero será breve este tiempo y tendré uno de calamidad por muchos años de libertad y de placeres. Rey de un corto número, corregiré los errores de la fortuna y veré estos tiranos palpitar y cubrirse de palidez a la presencia de aquel que, con un insultante orgullo, posponían a sus caballos y a sus perros. Acude entonces la religión al entendimiento del malvado que abusa de todo, y presentándole un fácil arrepentimiento y una cuasi certidumbre de felicidad eterna, le disminuye en gran parte el horror de aquella última tragedia.

Pero aquel que ve delante de sus ojos un gran número de años, o todo el curso de su vida, que pasaría en la esclavitud y en el dolor a la vista de sus conciudadanos con quienes vive libre y sociable, esclavo de aquellas leyes de quien era protegido, hace una comparación útil de todo esto con la incertidumbre del éxito de sus delitos, y con la brevedad del tiempo que podría gozar sus frutos. El ejemplo continuo de aquellos que actualmente ve víctimas de su propia imprudencia le hace una impresión mucho más fuerte que el espectáculo de un suplicio, porque éste lo endurece más que lo corrige.

No es útil la pena de muerte por el ejemplo que da a los hombres de atrocidad. Si las pasiones o la necesidad de la guerra han enseñado a derramar la sangre humana, las leyes, moderadoras de la conducta de los mismos hombres, no debieran aumentar este fiero documento, tanto más funesto cuanto la muerte legal se da con estudio y pausada formalidad. Parece un absurdo que las leyes, esto es, la expresión de la voluntad pública, que detestan y castigan el homicidio, lo cometan ellas mismas, y para separar los ciudadanos del intento de asesinar ordenen un público asesinato. ¿Cuáles son las verdaderas y más útiles leyes? Aquellos pactos y aquellas condiciones que todos querrían observar y proponer mientras calla la voz (siempre escuchada) del interés privado o se combina con la del público. ¿Cuáles son los sentimientos de cada particular sobre la pena de muerte? Leámoslos en los actos de indignación y desprecio con que miran al verdugo, que en realidad no es más que un inocente ejecutor de la voluntad pública, un buen ciudadano que contribuye al bien de todos, instrumento necesario a la seguridad pública interior como para la exterior son los valerosos soldados. ¿Cuál, pues, es el origen de esta contradicción? ¿Y por qué es indeleble en los hombres este sentimiento en desprecio de la razón? Porque en lo más secreto de sus ánimos, parte que, sobre toda otra, conserva aún la forma original de la antigua naturaleza, han creído siempre que nadie tiene potestad sobre la vida propia, a excepción de la necesidad que con su cetro de hierro rige el universo.

¿Qué deben pensar los hombres al ver los sabios magistrados y graves sacerdotes de la justicia, que con indiferente tranquilidad hacen arrastrar un reo a la muerte con lento aparato; y mientras este miserable se estremece en las últimas angustias, esperando el golpe fatal, pasa el juez con insensible frialdad (y acaso con secreta complacencia de la autoridad propia) a gustar las comodidades y placeres de la vida? ¡Ah! (dirán ellos), estas leyes no son más que pretextos de la fuerza, y las premeditadas y crueles formalidades de la justicia son solo un lenguaje de convención para sacrificarnos con mayor seguridad, como víctimas destinadas en holocausto al ídolo insaciable del despotismo.

El asesinato, que nos predican y pintan como

una maldad terrible, lo vemos prevenido y ejecutado aun sin repugnancia y sin furor. Prevalgámonos del ejemplo. Nos parecía la muerte violenta una escena terrible en las descripciones que de ella nos habían hecho; pero ya vemos ser negocio de un instante. ¡Cuánto menos terrible será en quien no esperándola se ahorra casi todo aquello que tiene de doloroso! Tales son los funestos paralogismos que, si no con claridad a lo menos confusamente, hacen los hombres dispuestos a cometer los delitos, en quienes, como hemos visto, el abuso de la religión puede más que la religión misma.

Si se me opusiese como ejemplo el que han dado casi todas las naciones y casi todos los siglos decretando pena de muerte sobre algunos delitos, responderé que este se desvanece a vista de la verdad, contra la cual no valen prescripciones, que la historia de los hombres nos da idea de un inmenso piélago de errores entre los cuales algunas pocas verdades, aunque muy distantes entre sí, no se han sumergido. Los sacrificios humanos fueron comunes a casi todas las naciones. ¿Y quién se atreverá a excusarlos? Que algunas pocas sociedades se hayan abstenido solamente, y por poco tiempo, de imponer la pena de muerte me es más bien favorable que contrario; porque es conforme a la fortuna de las grandes verdades, cuya duración no es más que un relámpago en comparación de la larga y tenebrosa noche que rodea los hombres. No ha llegado aún la época dichosa en que la verdad, como hasta ahora el error, tenga de su parte el mayor número; y de esta ley universal no vemos se hayan exceptuado sino solo aquellas que la sabiduría infinita ha querido separar de las otras, revelándolas.

La voz de un filósofo es muy flaca contra los tumultos y gritos de tantos a quienes guía la ciega costumbre, pero los pocos sabios que hay esparcidos en los ángulos de la tierra me la recibirán y oirán en lo íntimo de su corazón; y si la verdad, a pesar de los infinitos estorbos que la desvían de un monarca, pudiese llegar hasta su trono, sepa, que la que propongo va acompañada con la aprobación secreta de todos los hombres, sepa que callará a su vista la fama sanguinaria de los conquistadores, y que la posteridad justa le señala el primer lugar entre los pacíficos trofeos de los Titos, de los Antoninos y de los Trajanos.

Feliz la humanidad, si por la primera vez se la dictasen leyes ahora que vemos colocados sobre los tronos de Europa benéficos monarcas, padres de sus pueblos, animadores de las virtudes pacíficas, de las ciencias y de las artes. Ciudadanos coronados, cuyo aumento de autoridad forma la felicidad de los súbditos, porque deshace aquel despotismo intermedio, más cruel por menos seguro, con que se sofocaban los votos siempre sinceros del pueblo, y siempre dichosos, cuando pueden llegar al trono. Si ellos, digo, dejan subsistir las antiguas leyes, nace esto de la infinita dificultad que hay en quitar de los errores la herrumbre venerable de muchos siglos, siendo un motivo para que los ciudadanos iluminados deseen con mayor ansia el continuo acrecentamiento de su autoridad.

DE LA PRISIÓN

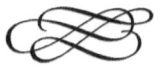

Un error no menos común que contrario al fin social, que es la opinión de la propia seguridad, nace de dejar al arbitrio del magistrado, ejecutor de las leyes, el encarcelar a un ciudadano, quitar la libertad a un enemigo con pretextos frívolos y dejar sin castigo a un amigo con desprecio de los indicios más fuertes que le descubren reo. La prisión es una pena que por necesidad debe, a diferencia de las demás, preceder a la declaración del delito, pero este carácter distintivo suyo no le quita el otro esencial, esto es, que solo la ley determine los casos en que el hombre es digno de esta pena. La ley, pues, señalará los indicios de un delito que merezcan la prisión de un reo, que lo sujeten al examen y a la pena. La fama pública, la fuga, la confesión extrajudicial, la de un compañero en el delito, las amenazas y constante enemistad con el ofendido, el cuerpo del delito y otros semejantes, son pruebas suficientes para encarcelar un ciudadano; pero estas penas deben establecerse por la ley, no por los jueces, cuyos decretos siempre se oponen a la libertad política, cuando no son proposiciones particulares de una máxima general existente en el código. A medida que se moderen las penas, que se quiten de las cárceles la suciedad y el hambre, que la compasión y la humanidad penetren las puertas de hierro y manden a los inexorables y endurecidos ministros de la justicia, podrán las leyes para encarcelar contentarse con indicios menores. Un hombre acusado de un delito, preso y absuelto, no debiera retener nota alguna de infamia. ¡Cuántos romanos, acusados de gravísimos delitos, habiendo justificado su inocencia fueron reverenciados del pueblo y honrados con las magistraturas! ¿Pues por qué razón es tan distinta en nuestros tiempos la suerte de un inocente? Porque parece que en el presente sistema criminal, según la opinión de los hombres, prevalece la idea de la fuerza y de la prepotencia a la de la justicia; porque se arrojan confundidos en una misma caverna los acusados y los convictos; porque la prisión es más bien un castigo que una custodia del reo; y porque la fuerza interior defensora de las leyes está separada de la exterior defensora del trono y de la nación, siendo así que deberían obrar unidas. Así la primera, por medio del apoyo común de las leyes, estaría combinada con la facultad de juzgar mas no dependiente de ella con inmediata potestad; y la gloria que acompaña la pompa y el fausto de un cuerpo militar quitarían la infamia, fija (como todos los dictámenes vulgares) más en el modo que en la cosa; pues está probado que las prisiones militares no son tan infamantes, en la opinión común, como las judiciales ordinarias. Duran aún en el pueblo, en las costumbres y en las leyes, inferiores siempre en más de un siglo en bondad a las luces actuales de una nación, duran aún las impresiones bárbaras y las ideas feroces de nuestros padres los conquistadores septentrionales.

Algunos han sostenido que un delito, esto es, una acción contraria a las leyes, cométase donde quiera, puede ser castigado en cualquier parte; como si el carácter de súbdito fuese indeleble, es decir, sinónimo, aun peor que el de esclavo; como si uno pudiese ser súbdito de un dominio y habitar en otro; y que sus acciones pudiesen, sin contradicción, estar subordinadas a dos soberanos y a dos códigos, por lo común contradictorios. Igualmente creen algunos que una acción cruel hecha, por ejemplo, en Constantinopla pueda ser castigada en París, fundados en la razón abstracta de que quien ofende la humanidad merece tener toda la humanidad por enemiga y el aborrecimiento universal, como si los jueces fuesen vengadores de la sensibilidad de los hombres y no más bien de los pactos que los ligan entre sí. El lugar de la pena es el lugar del delito, porque allí solo se ven precisados los hombres a ofender un particular para evitar la ofensa pública. Un malvado, pero que no ha roto los pactos de una sociedad de que no era miembro, puede ser temido, y por tanto desterrado y excluido, en virtud de la fuerza superior de la sociedad; pero no castigado con la formalidad de las leyes, que son vengadoras de los pactos, no de la malicia intrínseca de las acciones.

Los que son reos de delitos no muy graves suelen ser castigados o en la oscuridad de una prisión, o remitidos a dar ejemplo, con una distante y por tanto inútil esclavitud, a naciones que no han ofendido. Si los hombres no se mueven en un momento a cometer los delitos más graves, la pena pública de una gran maldad será considerada de la mayor parte como extraña e imposible de acontecerle; pero la pena pública de delitos más ligeros y a que el ánimo está más vecino hará una impresión, que desviándolo de éstos lo separe mucho más de aquellos. Las penas no deben solamente ser proporcionadas a los delitos entre sí en la fuerza, sino también en el modo de ejecutar-las. Algunos libertan de la pena de un leve delito cuando la parte ofendida lo perdona, acto conforme a la beneficencia y a la humanidad, pero contrario al bien público, como si un ciudadano particular pudiese igualmente quitar con su remisión la necesidad de l ejemplo, como puede perdonar el resarcimiento de la ofensa. El derecho de hacer castigar no es de uno solo, sino de todos los ciudadanos o del soberano; y así el ofendido podrá renunciar a su porción de derecho, pero no anular la de los otros.

PROCESOS Y PRESCRIPCIONES

Conocidas las pruebas y calculada la certidumbre del delito, es necesario conceder al reo el tiempo y medios oportunos para justificarse; pero tiempo tan breve que no perjudique a la prontitud de la pena, que, como dejamos sentado, es uno de los principales frenos de los delitos. Un mal entendido amor de humanidad parece contrario a esta brevedad de tiempo, pero se desvanecerá toda duda si se reflexiona que los peligros de la inocencia crecen con los defectos de la legislación.

Mas las leyes deben fijar un cierto espacio de tiempo tanto para la defensa del reo cuanto para las pruebas de los delitos, y el juez vendría a ser legislador si estuviese a su arbitrio determinar el necesario para probar un delito. Igualmente aquellos delitos atroces, que dejan en los hombres una larga memoria, si están probados, no merecen prescripción alguna en favor del reo que se ha sustraído con la fuga; pero los delitos leves y no bien probados deben librar con la prescripción la incertidumbre de la suerte de un ciudadano; porque la oscuridad en que se hallan confundidos por largo tiempo quita el ejemplo de impunidad, quedando al reo en tanto disposición para enmendarse. Es suficiente apuntar estos principios, porque el límite preciso puede solo fijarse en virtud de una legislación según las actuales circunstancias de la sociedad; añadiré únicamente que, probada la utilidad de las penas moderadas en una nación, las leyes que a proporción de los delitos aumentan o disminuyen el tiempo de la prescripción, o el de las pruebas, formando así de la misma cárcel o del destierro voluntario una parte de pena, suministrarán una fácil división de penas suaves para un gran número de delitos.

Pero estos tiempos no se aumentarán en la proporción exacta de la gravedad de los delitos, puesto que la probabilidad de ellos es en razón inversa de su atrocidad. Deberá, pues, disminuirse el tiempo del examen y aumentarse el de la prescripción, lo cual parecerá una contradicción de cuanto he dicho, esto es, que puedan darse penas iguales a delitos desiguales teniendo en consideración el tiempo de la cárcel o el de la prescripción que antecede a la sentencia como una pena. Para explicar al lector mi idea distingo dos clases de delitos. Es la primera aquella de los más atroces, que empezando desde el homicidio comprende todas las maldades ulteriores; la segunda es de aquellos delitos menores. Esta distinción tiene su fundamento en la naturaleza humana. La seguridad de la propia vida es un derecho de naturaleza, la seguridad de los bienes lo es de sociedad. El número de motivos que impelen a los hombres para atropellar los sentimientos naturales de piedad es con muchos grados menor al de aquellos que por el ansia natural de ser felices los mueven a violar un derecho, que no encuentran en sus corazones, sino en las convenciones de la sociedad. La grandísima diferencia de probabilidad en estas dos clases pide que se regulen con diversos principios. En los delitos más atroces, como más raros, debe disminuirse el tiempo del examen, por lo que se aumenta la probabilidad de la inocencia del reo, y debe crecer el de la prescripción porque de la sentencia definitiva, en que se declara a un hombre inocente o culpado, depende extirpar las esperanzas de impunidad, cuyo daño crece con la atrocidad del delito. Pero en los delitos menores, disminuyéndose la probabilidad de inocencia en el reo, debe aumentarse el tiempo del examen, y disminuyéndose el daño de la impunidad debe disminuirse el tiempo de la prescripción. Esta división de delitos en dos clases no debería admitirse si el daño de la impunidad menguase tanto cuanto crece la probabilidad del delito. Adviértase que un acusado, de quien no conste ni la inocencia ni la culpa aunque se haya librado por falta de pruebas, se le debe volver de nuevo a la prisión y sujetar a nuevos exámenes si aparecieren nuevos indicios señalados por la ley, hasta tanto que haya pasado el tiempo determinado a la prescripción de su delito. Tal es a lo menos el medio que me parece oportuno para defender la seguridad y la libertad de los súbditos, siendo muy fácil que la una no sea favorecida a expensas de la otra, de manera que estos dos bienes que se compone el patrimonio, igual e inseparable de todo ciudadano, no sean protegidos y guardados el uno por el despotismo manifiesto o disfrazado, y el otro por la turbulenta y popular anarquía.

DELITOS DE PRUEBA DIFÍCIL

En vista de estos principios parecerá extraño, al que no reflexione que la razón casi nunca haya sido legisladora de las naciones, que los delitos más atroces, o más obscuros y quiméricos, esto es, aquellos cuya probabilidad menor, sean probados por conjeturas y otros medios flacos y equívocos; como si las leyes y el juez tuviesen interés, no en averiguar la verdad, sino es probar el delito; como si el condenar un inocente no fuera un peligro tanto mayor cuanto la probabilidad de la inocencia supera la probabilidad del delito. Falta en la mayor parte de los hombres aquel vigor necesario igualmente para los grandes delitos que para las grandes virtudes, porque parece que los unos van siempre a la par con los otros en aquellas naciones que se sostienen más por la actividad del gobierno y de las pasiones que conspiran al bien público que por su calidad o la constante bondad de las leyes. En éstas, las pasiones debilitadas parecen más a propósito para mantener la forma de gobierno que para mejorarla. De aquí se saca una consecuencia importante, y es que en una nación no siempre los grandes delitos prueban su decadencia.

Hay algunos delitos que son a un mismo tiempo frecuentes en la sociedad y de prueba difícil, y en éstos la dificultad de la prueba tiene el lugar de la probabilidad de la inocencia; y siendo el daño de la impunidad de tanta menos consideración cuanto la frecuencia de ellos depende de otros principios, el tiempo del examen y el de la prescripción deben disminuirse igualmente. Vemos, sin embargo, que los adulterios, el deleite griego, delitos de prueba tan difícil, son los que, conforme a los principios recibidos en práctica, admiten las presunciones tiránicas, las cuasi-pruebas, las semi-pruebas (como si un hombre pudiese ser semi-digno de castigo y semi-digno de absolución), donde la tortura ejercita su cruel imperio en la persona del acusado, en los testigos y aun en toda la familia de un infeliz, como con frialdad inicua enseñan algunos doctores que se dan a los jueces por norma y ley.

El adulterio es un delito que, considerado políticamente, trae su fuerza y su dirección de dos causas: las leyes variables de los hombres y aquella fortísima atracción que mueve un sexo hacia el otro. Semejante en muchos casos a la gravedad motora del universo, porque como ésta se disminuye con las distancias, y si la una modifica todos los movimientos de los cuerpos, la otra casi todos los del ánimo, en tanto que dura su período; desemejante en que la gravedad se pone en equilibrio con los impedimentos, pero la atracción con ellos por lo común cobra fuerza y vigor nuevo.

Si yo hubiese de hablar a las naciones que se hallan privadas de la luz de la religión diría, que aun hay otra diferencia considerable entre éste y los demás delitos. Vémosle nacer en el abuso de una necesidad constante y universal a toda la humanidad, necesidad anterior y aun fundadora de la misma sociedad; pero los otros delitos, destruidores de ella, tienen su origen más bien determinado de pasiones momentáneas que de una necesidad natural. Semejante necesidad parece, a quien conoce la historia y el hombre, siempre igual en el mismo clima a una cantidad permanente. Si esto fuese verdad, inútiles y aun perniciosas serían aquellas leyes y aquellas costumbres que procurasen disminuir la suma total, porque su efecto sería oprimir una parte de las necesidades propias y ajenas; pero, por el contrario, serían sabias aquellas que, por decirlo así, siguiendo la fácil inclinación del plano, dividiesen y distribuyesen la suma en tantas iguales y pequeñas porciones, que impidiesen uniformemente en todas partes la sequedad y la inundación. La fidelidad conyugal es siempre proporcionada al número y a la libertad de los matrimonios. Donde éstos se rigen por las preocupaciones hereditarias, donde la potestad doméstica los combina y los escoge, allí la galantería rompe los vínculos, con desprecio de la moral práctica, cuyo oficio es declamar contra los efectos, manteniendo las causas. Pero no hay necesidad de estas reflexiones para el que, viviendo en la verdadera religión, tiene más sublimes motivos, que corrigen la fuerza de los afectos naturales. La acción de este delito es tan instantánea y misteriosa, tan cubierta de aquel velo mismo que las leyes ha puesto, velo necesario pero frágil y que aumenta el precio de la cosa en vez de disminuirlo: las ocasiones tan fáciles, las consecuencias tan equívocas, que el legislador podrá más bien evitarlo que corregido. Regla general: en todo delito que por su naturaleza debe las más veces quedar sin castigo, la pena es un incentivo. Es propiedad de nuestra imaginación que las dificultades, cuando no son insuperables o muy difíciles, respecto de la flojedad del ánimo de los hombres, la exciten más vivamente y engrandezcan el objeto, porque sirviéndola de estorbos que impiden su curso vagabundo y voluble, sin dejarla salir de él, y obligándola a recorrer todas las combinaciones, se fija más estrechamente en la parte agradable, a quién más naturalmente se arroja nuestro ánimo, que en la dolorosa y funesta, de quien huye y se separa.

La Venus ática [pederastia y sodomía], tan severamente castigada de las leyes y tan fácilmente entregada a los tormentos, vencedores de la inocencia, tiene su fundamento menos sobre las necesidades del hombre aislado y libre que sobre las pasiones del hombre sociable y esclavo. Toma su fuerza, no tanto del desmedido uso de los placeres, cuanto de aquella educación que empieza por hacer inútiles los hombres a sí mismos para hacerlos útiles a otros; en aquellas casas donde se oscurece y encierra la juventud ardiente, donde habiendo una valla insuperable a cualquiera otro comercio, todo el vigor de la naturaleza en pleno desarrollo se consume inútilmente para la humanidad y aun anticipa la vejez.

El infanticidio es igualmente efecto de una contradicción inevitable, en que se encuentra una persona que haya cedido o por violencia o por flaqueza. Quien se ve entre la infamia y la muerte de un ser incapaz de sentir los males, ¿cómo no preferirá ésta a la miseria infalible en que serían puestos ella y su infeliz parto? El mejor modo de evitar este delito fuera proteger con leyes eficaces la flaqueza contra la tiranía, la cual exagera los vicios que no pueden cubrirse con el manto de la virtud.

Yo no pretendo minorar el horror justo que merecen estas acciones, pero señalando sus orígenes me juzgo con derecho de sacar una consecuencia general, esta es, que no se puede llamar precisamente justa (vale tanto como decir necesaria) la pena de un delito, cuando la ley no ha procurado con diligencia el mejor medio posible de evitarlo en las circunstancias existentes de una nación.

SUICIDIO

El suicidio es un delito que parece no admite pena que propiamente se llame tal, porque determinada alguna, o caerá sobre los inocentes o sobre un cuerpo frío e insensible. Si ésta no hará impresión en los vivos, como no la haría azotar una estatua; aquella es tiránica e injusta, porque la libertad política de los hombres supone necesariamente que las penas sean meramente personales. Aman éstos mucho la vida, y cuanto los rodea los confirma en este amor. La imagen del placer seducidora es la esperanza, dulcísimo engaño de los mortales, por la cual tragan desmedidamente el mal: mezclado con algunas pocas gotas de contento, los atrae mucho, para poder temer que la impunidad necesaria de este delito tenga alguna influencia sobre ellos. ¿Cuál será, pues, el estorbo que detendrá la mano desesperada del suicida?

Cualquiera que se mata hace menos mal a la sociedad que aquel que para siempre se sale de sus confines, porque el primero deja todos sus bienes y el segundo se lleva consigo parte de sus haberes. Y si la fuerza de la sociedad consiste en el número de los ciudadanos, por el hecho de salirse y entregarse a una nación vecina, origina doble daño que aquel que simplemente con la muerte se quita de la sociedad misma. La cuestión, pues, se reduce a saber si es útil o dañosa a la nación dejar una perpetua libertad a todos sus miembros para salirse de ella.

Cualquiera ley que no esté armada, o que la naturaleza de las circunstancias haga insubsistente, no debe promulgarse; y cómo sobre los ánimos reina la opinión, que obedece a las impresiones lentas e indirectas del legislador, y que resiste a las directas y violentas, así las leyes inútiles, despreciadas de los hombres, comunican su envilecimiento aun a las más saludables, porque se miran más como una dificultad para vencerla que como depósito del bien público. Así que si, como se ha dicho, nuestros dictámenes son limitados, tanta menos veneración quedará a las leyes cuanta tuvieren los hombres a objetos extraños de ellas. De este principio puede el sabio dispensador de la felicidad pública sacar algunas consecuencias útiles, pues si me detuviese a exponerlas me separarían mucho de mi asunto, que se reduce a probar lo inútil de hacer del estado una prisión. Semejante ley lo es, porque no estando un país dividido de los otros por escollos inaccesibles o mares inmensos, ¿cómo se podrán cerrar todos los puntos de su circunferencia? ¿Y cómo se podrá guardar a los mismos guardas? El que se lleva consigo cuanto tiene, no puede ser castigado después que lo ha hecho. A este delito, una vez cometido, es imposible aplicarle pena; y el hacerlo antes, es castigar la voluntad de los hombres, no sus acciones; es mandar en la intención, parte tan libre del hombre que a ella no alcanza el imperio de las leyes humanas. Castigar al que se ausenta en la substancia que deja, a más de la fácil e inevitable colusión, que no puede impedirse sin tiranizar los contratos, estancaría todo comercio de nación a nación. Castigarlo cuando volviese el reo, sería estorbar que se reparase el mal causado en la sociedad, haciendo todas las ausencias perpetuas. La misma prohibición de salir del país aumenta en los nacionales el deseo de conseguirlo y es una advertencia a los extraños para no establecerse en él.

¿Qué deberemos pensar de un gobierno que no tiene otro medio para retener a los hombres, naturalmente inclinados a la patria por las primeras impresiones de su infancia, fuera del temor? El más seguro modo de fijar los ciudadanos en su país es aumentar el bienestar relativo de cada uno. Así como se debe hacer todo esfuerzo para que la balanza del comercio se incline a nuestro favor, así el mayor interés del soberano y de la nación es que la suma de la felicidad comparada con la de las naciones circunvecinas sea mayor que la de éstas. Los placeres del lujo no son los principales elementos de esta felicidad, sin embargo de que sean un remedio necesario a la desigualdad, que crece con los progresos de una nación, y sin los cuales las riquezas se estancarían en una sola mano. Donde los confines de un país se aumentan en grado mayor que su población, allí el lujo favorece el despotismo, así porque cuanto los hombres son más raros tanto menor es la industria; y cuanto es menor la industria, es tanto mayor la dependencia que la pobreza tiene del fasto, y tanto más difícil y menos temida la reunión de los oprimidos contra los opresores, como porque las adoraciones, los oficios, las distinciones y la su misión, que hacen más sensible la distancia entre el fuerte y el débil, se obtienen más fácilmente de pocos que de muchos, siendo los hombres tanto más independientes cuanto menos notados, y tanto menos notados cuanto es mayor el número. Pero donde la población crece en proporción mayor que los confines, el lujo se opone al despotismo, porque anima la industria y la actividad de los hombres, y la necesidad ofrece demasiados placeres y comodidades al rico para que los de ostentación, que aumentan la opinión de dependencia, tengan el mayor lugar. De aquí puede observarse que en los estados vastos, flacos y despoblados, si otras causas no lo estorban, el lujo de ostentación prevalece al de comodidad; pero en los estados más poblados que extensos, el lujo de comodidad hace siempre disminuir el de ostentación. Sin embargo, el comercio y paso de los placeres del lujo tiene este inconveniente que, aunque se haga por el medio de muchos, comienza en pocos y acaba en pocos, y sólo poquísima parte gusta el mayor número, de tal manera que no impide el sentimiento de la miseria, causado más por la comparación que por la realidad. Son, pues, la seguridad y libertad, limitadas por solo las leyes, quienes forman la basa principal de esta felicidad, con las cuales los placeres del lujo favorecen la población, y sin las cuales se hacen el instrumento de la tiranía. Al modo que las fieras más generosas y las más voladoras aves se retiran a las soledades y a los bosques inaccesibles, y abandonan las campañas fértiles y agradables al hombre que las pone lazos, así los hombres huyen los mismos placeres cuando la tiranía los distribuye.

Está, pues, demostrado que la ley que aprisiona los súbditos en su país es inútil e injusta; luego lo será igualmente la pena del suicidio; y así, aunque sea una culpa que Dios castiga, porque solo él puede castigar después de la muerte, no es un delito para con los hombres, puesto que la pena en lugar de caer sobre el reo mismo cae sobre su familia. Si alguno opusiese que la pena puede con todo eso retraer a un hombre determinado a matarse, respondo que quien tranquilamente renuncia al bien de la vida, y de tal manera aborrece su existencia que prefiere a ella una eternidad infeliz, no se moverá por la consideración menos eficaz y más distante de los hijos o parientes.

CONTRABANDOS

El contrabando es un verdadero delito, que ofende al soberano y a la nación, pero su pena no debe ser infamante, porque cometido no produce infamia en la opinión pública. Cualquiera que decreta penas infamantes contra delitos que no son reputados tales de los hombres, disminuye el dictamen de la infamia para los que verdaderamente lo son. Cualquiera (por ejemplo) que viere determinada de la misma pena de muerte contra el que mata un faisán, y contra el que asesina un hombre o falsifica un escrito importante, no hará diferencia entre estos delitos, destruyéndose así las máximas morales, obra de muchos siglos y de mucha sangre, lentísimas y difíciles de insinuarse en los ánimos de los hombres, para cuya producción se creyeron necesarios la ayuda de los más sublimes motivos y tanto aparato de graves formalidades.

Este delito nace de la ley misma, porque creciendo la gabela crece siempre la utilidad y con ésta la tentación de hacer el contrabando, y la facilidad de cometerlo con la circunferencia que es necesario custodiar, y con la disminución del tamaño de la mercadería misma. La pena de perder el género prohibido y la hacienda que la acompaña es justísima; pero será tanto más eficaz cuanto más corta fuere la gabela; porque los hombres no se arriesgan sino a proporción de la utilidad que el éxito feliz de la empresa les puede producir.

Pero ¿por qué este delito no ocasiona infamia a su autor, siendo un hurto hecho al príncipe, y por consecuencia a la nación misma? Respondo que las ofensas que los hombres creen que no les pueden ser hechas, no les interesan tanto que baste a producir la indignación pública contra quien las comete. Como las consecuencias remotas hacen cortísimas impresiones sobre los hombres, no ven el daño que puede acaecerles por ellas, antes bien gozan, si es posible, de sus utilidades presentes. Tal es el contrabando. No ven ellos, pues, más que el daño hecho al príncipe, y así no se interesan en privar de su consideración a quien lo comete, como lo son a quien hace un hurto privado, a quien falsifica un escrito, y otros males que pueden sucederles. Principio evidente de que todo ente sensible no se mueve sino por los males que conoce.

¿Pero se deberá dejar sin castigo este delito en aquel que no tiene hacienda que perder? No por cierto. Hay contrabandos que interesan de tal manera la naturaleza del tributo, parte tan esencial y tan difícil en una buena legislación, que su comisión merece una pena considerable, hasta la prisión, hasta la servidumbre; pero prisión y servidumbre conforme a la naturaleza del mismo delito. Por ejemplo, la prisión por hacer contrabando de tabaco no debe ser común con la del asesino o el ladrón; y las ocupaciones del primero, limitadas al trabajo y servicio de la regalía misma que ha querido defraudar, serán las más conformes a la naturaleza de las penas.

DE LOS DEUDORES

La buena fe de los contratos y la seguridad del comercio estrechan al legislador para que asegure a os acreedores las personas de los deudores fallidos; pero yo juzgo importante distinguir el fallido fraudulento del fallido inocente. El primero debería ser castigado con la misma pena que el monedero falso, porque falsificar un pedazo de metal acuñado, que es una prenda de las obligaciones de los ciudadanos, no es mayor delito que falsificar las obligaciones mismas. Mas el fallido inocente, aquel que después de un examen riguroso ha probado ante sus jueces que o la malicia de otros, o su desgracia, o contratiempos inevitables por la prudencia humana le han despojado de sus bienes, ¿por qué motivo bárbaro deberá ser encerrado en una prisión y privado de la libertad, único y triste bien que solo le queda, experimentando las angustias de los culpados y arrepintiéndose acaso (con la desesperación que causa la probidad ofendida) de aquella inocencia con que vivía tranquilo bajo la tutela de las leyes cuya ofensa no estuvo en su mano; leyes dictadas de los poderosos por codicia, y sufridas de los flacos por aquella esperanza que comúnmente centellea en los ánimos de los hombres, haciendo creer que los acontecimientos adversos son para los demás y para nosotros los favorables? Los hombres, abandonados a sus sentimientos más triviales, aman las leyes crueles aunque estén sujetos a ellas mismas. Sería interés de todos que se moderasen, porque es mayor el temor de ser ofendido que el deseo de ofender. Volviendo al inocente fallido, digo que podrán sus deudas mirarse como inextinguibles hasta la paga total; podrásele prohibir libertarse de la obligación contraída sin consentimiento de los interesados, y el derecho de retirarse a otro país para ejercitar su industria; podrásele apremiar para que empleando su trabajo y sus talentos adquiera de nuevo con qué satisfacer sus acreedores; pero ni la seguridad del comercio ni la sagrada propiedad de los bienes podrán justificar una privación de libertad, que les es inútil, fuera del caso en que con los males de la esclavitud se consiguiese revelar los secretos de un supuesto inocente fallido, caso rarísimo, en suposición de un riguroso examen. Creo máxima legislativa que el valor de los inconvenientes políticos se considere en razón compuesta de la directa del daño público, y de la inversa de la improbabilidad de verificarse. Pudiera distinguirse el dolo de la culpa grave, la grave de la leve, y ésta de la inocencia, y asignando al primero las penas establecidas contra los delitos de falsificación, a la segunda otras menores pero con privación de libertad, reservando a la última el escogimiento libre de medios para restablecerse, quitar a la tercera la facultad de hacerlo, dejándola a los acreedores. Pero las distinciones de grave y de leve se deben fijar por la ley ciega e imparcial, no por la prudencia arbitraria y peligrosa de los jueces. El señalamiento de los límites es así necesario en la política como en la matemática, tanto en la medida del bien público, cuanto en la medida de las magnitudes[1].

¡Con qué facilidad un legislador próvido podría impedir gran parte de las quiebras culpables y remediar las desgracias del inocente industrioso! Un público y manifiesto registro de todos los contratos, y libertad a los ciudadanos de consultar sus documentos bien ordenados, un banco público formado de tributos sabiamente repartidos sobre el comercio feliz y destinado a socorrer con las cantidades oportunas al miserable e infeliz miembro de él, no tendrían ningún inconveniente real y pudieran producir innumerables ventajas. Pero las fáciles, las simples, las grandes leyes que no esperan para esparcir en el seno de la nación la abundancia y la robustez más que la voluntad del legislador, leyes que le colmarían de himnos inmortales, son, o las menos conocidas, o las menos queridas. Un espíritu inquieto y empleado en pequeñeces, la medrosa prudencia del momento presente, la desconfianza y la aversión a toda novedad aunque útil, ocupan el alma de aquellos que podrían arreglar y combinar las acciones de los hombres.

---

1. El comercio y la propiedad de los bienes no son el fin del pacto social, pero pueden ser un medio para obtenerlo. Habiendo tantas combinaciones que pueden originar los daños en la sociedad, exponer todos sus miembros a padecerlos sería subordinar los fines a los medios, paralogismo de todas las ciencias y principalmente de la política, y en el que caí en las ediciones precedentes, donde dije que el fallido inocente debe ser guardado como una prenda de sus deudas, o servir en las labores de sus acreedores como esclavo. Me avergüenzo de haber escrito así. He sido acusado de irreligión y no lo merecía; he sido acusado de sedición y no lo merecía; he ofendido los derechos de la humanidad y nadie me los ha reprehendido.

ASILOS

Me restan aún dos cuestiones que examinar. Una, si los asilos son justos, y si el pacto entre las naciones de entregarse recíprocamente los reos es o no útil. Dentro de los confines de un país no debería haber algún lugar independiente de las leyes. Su poder debería seguir a todo ciudadano, como la sombra al cuerpo. La impunidad y el asilo se diferencian en poco, y como la impresión de la pena consiste más en la seguridad de recibirla que en su fuerza, los asilos invitan más a los delitos de lo que las penas separan de ellos. Multiplicar éstos es formar otras tantas pequeñas soberanías; porque donde no hay leyes que manden allí pueden formarse nuevas, opuestas a las comunes, y así un espíritu contrario al del cuerpo entero de la sociedad. Todas las historias muestran que de los asilos salieron grandes revoluciones en los estados y en las opiniones de los hombres. Pero si entre las naciones es útil entregarse los reos recíprocamente, no me atreveré a decidirlo hasta tanto que las leyes más conformes a las necesidades de la humanidad, las penas más suaves, y extinguida la dependencia del arbitrio y de la opinión, no pongan en salvo la inocencia oprimida y la virtud detestada; hasta tanto que la tiranía sea desterrada en las vastas llanuras del Asia por el todo de la razón universal, que siempre une los intereses del trono y de los súbditos; aunque la persuasión de no encontrar un palmo de tierra que perdonase a los verdaderos delitos sería un medio eficacísimo de evitarlos.

DE LA TALLA

La otra cuestión es si será útil señalar un precio al que entregare la cabeza de un hombre declarado reo, y armando el brazo de cualquier Ciudadano, hacer de él un verdugo. O el reo está fuera de los confines, o dentro. En el primer caso el soberano estimula los ciudadanos a cometer un delito, y los expone a un suplicio, haciendo así una injuria y una usurpación de autoridad en los dominios de otro; y autoriza de esta manera las otras naciones para que hagan lo mismo con él. En el segundo muestra la flaqueza propia. Quien tiene fuerza para defenderse no la busca. Además, este edicto desconcierta todas las ideas de moral y de virtud, que se disipan en el ánimo de los hombres con cualquiera pequeño viento. Ahora las leyes convidan a la traición, ahora la castigan. Con una mano el legislador estrecha los vínculos de familia, de parentela y de amistad; y con otra premia a quien los rompe y a quien los desprecia. Siempre contradiciéndose a sí mismo, ya convida los ánimos sospechosos de los hombres a la confianza, ya esparce la desconfianza en todos los corazones. En vez de evitar un delito, hace nacer ciento. Éstos son los recursos de las naciones flacas, cuyas leyes no son más que reparos instantáneos de un edificio ruinoso que amenaza por todas partes. A proporción que las luces crecen en una nación, se hacen más necesarias la buena fe y la confianza recíproca; y cada vez más caminan a confundirse con la verdadera política. Los artificios, las astucias, las vías oscuras e indirectas son por lo común previstas, y la sensibilidad de todos se defiende mejor contra el interés de cada particular. Los mismos siglos de la ignorancia, en que la moral pública fuerza los hombres a obedecer a la privada, sirven de instrucción y de experiencia a los siglos iluminados. Pero las leyes que premian la traición y excitan una guerra clandestina, esparciendo la sospecha recíproca entre los ciudadanos, se oponen a esta tan necesaria reunión de la moral y de la política, a quien los hombres deberían su felicidad, las naciones la paz, y el universo algún más largo espacio de tranquilidad y reposo en los males que lo rodean.

ATENTADOS, CÓMPLICES, IMPUNIDAD

Aunque las leyes no castiguen la intención, no por eso decimos que un delito cuando empieza por alguna acción que manifiesta la voluntad de cometerlo no merezca algún castigo, pero siempre menor a la misma comisión de él. La importancia de estorbar un atentado autoriza la pena; pero así como entre éste y la ejecución puede haber algún intervalo, así la pena mayor reservada al delito consumado, puede dar lugar al arrepentimiento. Lo mismo es cuando haya cómplices, y no todos ejecutores inmediatos, sino por alguna razón diversa. Cuando muchos hombres se unen para una acción arriesgada, a proporción de su tamaño procuran que sea igual para todos; luego será más dificultoso encontrar quien se conforme con ser el ejecutor, corriendo mayor riesgo que los demás cómplices. La única excepción sería en el caso que al ejecutor se le señalase un premio; teniendo entonces una recompensa mayor por el mayor riesgo, la pena debería ser proporcionada. Estos discursos parecerán muy metafísicos a quien no reflexione cuánta utilidad hay en que las leyes dejen los menos motivos de acuerdo que fuere posible entre los que se intenten asociar para cometer un delito.

Algunos tribunales ofrecen impunidad al cómplice de un grave delito que descubriere los otros. Este recurso tiene sus inconvenientes y sus ventajas. Los inconvenientes son que la nación autoriza la traición, detestable aun entre los malvados; porque siempre son menos fatales a una sociedad los delitos de valor que los de vileza, por cuanto el primero no es frecuente, y con solo una fuerza benéfica que lo dirija conspirará al bien público; pero la segunda es más común y contagiosa, y siempre se reconcentra en sí misma. Además de esto, el tribunal hace ver la propia incertidumbre y la flaqueza de la ley, que implora el socorro de quien la ofende. Las ventajas son evitar delitos importantes, y que siendo manifiestos los efectos y ocultos los autores atemoricen al pueblo. Contribuye también a mostrar que quien es falto de fe con las leyes, esto es, con el público, es probable que lo sea con un particular. Pareciérame que una ley general, la cual prometiese impunidad al cómplice manifestador de cualquier delito, fuese preferible a una especial declaración en un caso particular; porque así evitaría las uniones con el temor recíproco que cada cómplice tendría de revelarse a otro, y el tribunal no haría atrevidos los malhechores, viendo éstos en caso particular pedido su socorro. Semejante ley debería acompañar la impunidad con el destierro del delator... Pero en vano me atormento para destruir el remordimiento que siento, autorizando con las leyes sacrosantas, con el monumento de la pública confianza, y con la basa de la moral humana, la traición y el disimulo. ¡Qué ejemplo sería para una nación si se faltase a la impunidad prometida, arrastrando al suplicio, por medio de doctas cavilaciones, en vergüenza de la fe pública, a quien ha correspondido al convite de las leyes! No son raros en las naciones tales ejemplos, y por esto no son tampoco raros los que no tienen de una nación otra idea que la de una máquina complicada, cuyos muelles mueven según su antojo el más diestro y el más poderoso. Fríos e insensibles a todo lo que forma la delicia de las almas tiernas y sublimes, excitan con sagacidad inalterable los dictámenes más afectuosos y las pasiones más violentas en el punto que las ven útiles a sus fines, acordando los ánimos como los músicos los instrumentos.

INTERROGACIONES SUGESTIVAS Y DEPOSICIONES

Nuestras leyes reprueban en el proceso las interrogaciones que se llaman *sugestivas*: esto es, aquellas según los doctores, que en las circunstancias de un delito preguntan de la *especie*, debiendo preguntar del *género*; quiere decir aquellas interrogaciones que, teniendo una inmediata conexión con el delito, sugieren al reo una respuesta inmediata. Las interrogaciones, según los criminalistas, deben, por decirlo así, abrazar y rodear el hecho espiralmente; pero nunca dirigirse a él por línea recta. Los motivos de este método son, o por no sugerir al reo una respuesta que lo libre de la acusación, o acaso porque parece contra la misma naturaleza que un reo se acuse por sí inmediatamente. Cualquiera que sea de estos dos motivos, es notable la contradicción de las leyes, que juntamente con esta costumbre autorizan la tortura. Porque ¿cuál interrogación más sugestiva que el dolor? El primer motivo se verifica en el tormento, puesto que el mismo dolor sugerirá al robusto una obstinada taciturnidad para cambiar la mayor pena por la menor; y al flaco sugerirá la confesión para librarse del tormento presente, más eficaz por entonces que el dolor venidero. El segundo motivo es con evidencia lo mismo. Porque si una interrogación especial hace confesar a un reo, contra el derecho de la naturaleza, mucho más fácilmente conseguirán esto los dolores; pero los hombres se gobiernan más por la diferencia de los nombres que por la que resulta de las cosas. Entre otros abusos de la gramática que no han influido poco sobre los negocios humanos es notable el que hace nula e ineficaz la deposición de un reo ya condenado; ya está muerto civilmente, dicen los jurisconsultos peripatéticos, y un muerto no es capaz de acción alguna. Para sostener esta vana metáfora se han sacrificado muchas víctimas y bien de continuo se ha disputado con seria reflexión si la verdad debe ceder a las fórmulas judiciales. Si las deposiciones de un reo condenado no llegan a un cierto punto, que retarden el curso de la justicia, ¿por qué no se deberá conceder, aun después de la sentencia, a su extrema miseria y a los intereses de la verdad, un espacio conveniente, tal que produciendo nuevas especies capaces de alterar la naturaleza del hecho, pueda justificarse a sí o a otro con un juicio nuevo? Las formalidades y las ceremonias son necesarias en la administración de la justicia, ya porque nada dejan al arbitrio del que la administra, ya porque dan idea al pueblo de un juicio, no tumultuario e interesado, sino estable y regular, ya porque sobre los hombres, esclavos e imitadores de la costumbre, hacen impresiones más eficaces las sensaciones que los raciocinios. Pero éstas sin un fatal peligro jamás pueden fijarse por las leyes de modo que dañen a la verdad, que, o por ser muy simple o muy compuesta, tiene necesidad de alguna pompa externa que le concilie el pueblo ignorante. Finalmente, aquel que en el examen se obstinase, no respondiendo a las preguntas que se le hicieren, merece una pena determinada por las leyes; y pena de las más graves que entre ellas se hallaren para que los hombres no burlen así la necesidad de ejemplo que deben al público. No es necesaria esta pena cuando se sepa de cierto que tal reo haya cometido tal delito, de tal modo que las preguntas sean inútiles, como lo es la confesión del delito, cuando otras pruebas justifican la criminalidad. Este último caso es el más ordinario, porque la experiencia demuestra que en la mayor parte de los procesos los reos niegan.

DE UN GÉNERO PARTICULAR DE DELITOS

Cualquiera que leyere este escrito advertirá haber omitido yo en él un género de delitos que ha cubierto la Europa de sangre humana, y que ha juntado aquellas funestas hogueras, donde servían de alimento a las llamas los cuerpos vivos de los hombres, cuando era placentero espectáculo y armonía grata para la ciega muchedumbre oír los sordos y confusos gemidos de los miserables que salían envueltos en remolinos de negro humo, humo de miembros humanos, entre el rechinar de los huesos abrasados y el tostarse de las entrañas aún palpitantes. Pero los hombres racionales verán que el lugar, el siglo y la materia no me permiten examinar la naturaleza de este delito. Muy largo, y fuera de mi asunto, sería probar como debe ser necesaria una perfecta uniformidad de pensamientos en un estado, contra el ejemplo de muchas naciones; cómo opiniones, que distan entre sí solamente por algunas sutilísimas y oscuras diferencias muy apartadas de la capacidad humana, puedan desconcertar el bien público cuando una no fuere autorizada con preferencia a las otras; y cómo la naturaleza de las opiniones esté compuesta de modo que mientras algunas con el choque, fermentando y combatiendo juntamente se aclaran, y nadando las verdaderas, las falsas se sumergen en el olvido; otras, poco seguras por su constancias desnuda, deban vestirse de autoridad y de fuerza. Muy largo sería probar cómo, aunque más odioso parezca sobre los entendimientos humanos el imperio de la fuerza, cuyas solas conquistas son el disimulo y por consiguiente el envilecimiento, aunque parezca contrario al espíritu de mansedumbre y fraternidad, ordenado de la razón y de la autoridad, que más veneramos, sea sin embargo necesario e indispensable. Todo esto debe creerse probado evidentemente, y conforme a los verdaderos intereses de los hombres, si hay quien con reconocida autoridad lo ejercite. Hablo solo de los delitos que provienen de la naturaleza humana y del pacto social, no de los pecados, cuyas penas, aun las temporales, deben arreglarse con otros principios que los de una filosofía limitada.

FALSAS IDEAS DE UTILIDAD

Un manantial de errores y de injusticias son las falsas ideas de utilidad que se forman los legisladores. Falsa idea de utilidad es aquella que antepone los inconvenientes particulares al inconveniente general; aquella que manda a los dictámenes en vez de excitarlos; que hace servir los sofismas de la lógica en lugar de la razón. Falsa idea de utilidad es aquella que sacrifica mil ventajas reales por un inconveniente imaginario o de poca consecuencia que quitaría a los hombres el fuego porque quema, y el agua porque anega, que solo destruyendo repara los males. De esta naturaleza son las leyes que prohíben llevar armas; no contienen más que a los no inclinados ni determinados a cometer delitos, pero los que tienen atrevimiento para violar las más sagradas de la humanidad y las más importantes del código, ¿cómo respetarán las menores y las puramente arbitrarias, cuyas contravenciones deben ser tanto más fáciles e impunes cuanto su ejecución exacta quita la libertad personal, tan amada del hombre y tan amada del legislador, sometiendo los inocentes a todas las vejaciones que debieran sufrir los reos? Empeoran éstas la condición de los asaltados, mejorando la de los asaltadores, no minoran los homicidios sino los aumentan, porque es mayor la confianza en asaltar los desarmados que los prevenidos. Llámanse no leyes preventivas, sino medrosas de los delitos; nacen de la tumultuaria impresión de algunos hechos particulares, no de la meditación considerada de inconvenientes y provechos de un decreto universal. Falsa idea de utilidad es aquella que querría dar a una muchedumbre de seres sensibles la simetría y orden que sufre la materia bruta e inanimada, que descuida motivos presentes, los únicos que con eficacia obran sobre el mayor número para dar fuerza a los distantes, cuya impresión es flaca y brevísima si una viveza extraordinaria de imaginación en la humanidad no suple con el aumento a la distancia del objeto. Finalmente, es falsa idea de utilidad aquella que sacrificando la cosa al nombre divide el bien del público del bien de todos los particulares. Hay esta diferencia del estado de sociedad al estado de naturaleza, que el hombre salvaje no hace daño a otro sino en cuanto basta para hacerse bien a sí mismo; pero el hombre sociable es alguna vez movido por las malas leyes a ofender a otro sin hacerse bien a sí. El despótico arroja en el ánimo de sus esclavos el temor y el abatimiento; pero rechazado vuelve a atormentar con mayor fuerza su ánimo. Cuanto el temor es más solitario y doméstico, tanto es menos peligroso al que lo hace instrumento de su felicidad; pero cuanto es más público y agita mayor número de hombres, es tanto más fácil que haya, o el imprudente, o el desesperado, o el cuerdo atrevido, que haga servir los hombres a su fin, despertando en ellos ideas más gratas, y tanto más seductores cuanto el riesgo de la empresa cae sobre un número mayor, y el valor que los infelices dan a la existencia propia se disminuye a proporción de la miseria que sufren. Ésta es la causa por que las ofensas originan otras, pues el odio es un movimiento tanto más durable que el amor, cuanto el primero toma su fuerza de la continuación de los actos que debilitan al segundo.

CÓMO SE EVITAN LOS DELITOS

Es mejor evitar los delitos que castigarlos. He aquí el fin principal de toda buena legislación, que es el arte de conducir a los hombres al punto mayor de felicidad o al menor de infelicidad posible, para hablar según todos los cálculos de bienes y males de la vida. Pero los medios empleados hasta ahora son por lo común falsos y contrarios al fin propuesto. No es posible reducir la turbulenta actividad de los hombres a un orden geométrico sin irregularidad y confusión. Al modo que las leyes simplísimas y constantes de la naturaleza no pueden impedir que los planetas se turben en sus movimientos, así en las infinitas y opuestísimas atracciones del placer y del dolor no pueden impedirse por las leyes humanas las turbaciones y el desorden. Ésta es la quimera de los hombres limitados, siempre que son dueños del mando. Prohibir una muchedumbre de acciones indiferentes no es evitar los delitos sino crear otros nuevos; es definir a su voluntad la virtud y el vicio, que se nos predican eternos e inmutables. ¿A qué nos viéramos reducidos si se hubiera de prohibir todo aquello que puede inducir a delito? Sería necesario privar al hombre del uso de sus sentidos. Para un motivo que impela los hombres a cometer un verdadero delito, hay mil que los impelen a practicar aquellas acciones indiferentes que llaman delitos las malas leyes; y si la probabilidad de los delitos es proporcionada al número de los motivos, ampliar la esfera de aquellos es acrecentar la probabilidad de cometerlos. La mayor parte de las leyes no son más que privilegios, esto es, un tributo que pagan todos a la comodidad de algunos.

¿Queréis evitar los delitos? Haced que las leyes sean claras y simples, y que toda la fuerza de la nación esté empleada en defenderlas, ninguna parte en destruirlas. Haced que las leyes favorezcan menos las clases de los hombres que los hombres mismos. Haced que los hombres las teman, y no teman más que a ellas. El temor de las leyes es saludable, pero el de hombre a hombre es fatal y fecundo de delitos. Los hombres esclavos son más sensuales, más desenvueltos y más crueles que los hombres libres. Éstos meditan sobre las ciencias, meditan sobre los intereses de la nación, ven objetos grandes y los imitan; pero aquellos, contentos del día presente, buscan entre el estrépito y desenvoltura una distracción del apocamiento que los rodea; acostumbrados al éxito incierto de cualquier cosa, se hace para ellos problemático el éxito de sus delitos, en ventaja de la pasión que los domina. Si la incertidumbre de las leyes cae sobre una nación indolente por clima, aumenta y mantiene su indolencia y estupidez; si cae sobre una nación sensual, pero activa, desperdicia su actividad en un infinito número de astucias y tramas que, aunque pequeñas, esparcen en todos los corazones la desconfianza haciendo de la traición y el disimulo la base de la prudencia; si cae sobre una nación valerosa y fuerte, la incertidumbre se sacude al fin, causando antes muchos embates de la libertad a la esclavitud y de la esclavitud a la libertad.

DE LAS CIENCIAS

¿Queréis evitar los delitos? Haced que las luces acompañen a la libertad. Los males que nacen de los conocimientos son en razón inversa de su extensión, y los bienes lo son en la directa. Un impostor atrevido, que siempre es un hombre no vulgar, tiene las adoraciones de un pueblo ignorante y el desprecio de uno iluminado. Los progresos en las ciencias, facilitando las comparaciones de los objetos y multiplicando las miras, contraponen muchos sentimientos los unos a los otros, que se modifican recíprocamente, con tanta más facilidad cuanto se prevén en los otros las mismas ideas y las mismas resistencias. A vista de las luces esparcidas con profusión en una nación, calla la ignorancia calumniosa y tiembla la autoridad desarmada de razones en tanto que la vigorosa fuerza de las leyes permanece inalterable; porque no hay hombre iluminado que no ame los pactos públicos, claros y útiles a la seguridad común, comparando el poco de libertad inútil sacrificada por él a la suma de todas las libertades sacrificadas por los otros hombres, que sin leyes podían conspirar en contra suya. Cualquiera que tenga un alma sensible, echando una mirada sobre un código de leyes bien hechas, y encontrando no haber perdido más que la funesta libertad de hacer mal a otro, será obligado a bendecir el trono y quien lo ocupa.

No es verdad que las ciencias sean siempre dañosas a la humanidad, y cuando lo fueran, era un mal inevitable para los hombres. La multiplicación del género humano sobre la faz de la tierra introdujo la guerra; las artes más rudas, las primeras leyes, que eran pactos momentáneos, nacían con la necesidad y perecían con ella. Ésta fue la primera filosofía de los hombres, cuyos pocos elementos eran justos, porque su indolencia y poca sagacidad los preservaba del error. Pero las necesidades se multiplicaban cada vez más con la multiplicación de los hombres. Eran, pues, necesarias impresiones más fuertes y durables que los separasen de los continuados regresos que hacían al primer estado de desunión, siempre más y más funesto. Así hicieron un gran bien a la humanidad aquellos primeros errores que poblaron la tierra de falsas divinidades (digo gran bien político) y que crearon un universo invisible regulador del nuestro. Fueron bienhechores de los hombres aquellos que se atrevieron a sorprenderlos, y arrastraron a los altares la ignorancia dócil. Presentándoles objetos colocados más allá de lo que alcanzaban los sentidos, que se les huían delante a proporción que creían alcanzarlos, nunca despreciados, porque nunca bien conocidos, reunieron y fijaron las pasiones divididas en uno solo que los ocupaba fuertemente. Éstas fueron las primeras mudanzas de todas las naciones que se formaron de pueblos salvajes, ésta fue la época de la formación de las grandes sociedades, y tal fue el vínculo necesario y acaso el único. No hablo de aquel pueblo elegido de Dios, en quien los milagros más extraordinarios y las gracias más señaladas tuvieron lugar de política humana. Pero como es propiedad del error subdividirse hasta lo infinito, así las ciencias que nacieron hicieron de los hombres una muchedumbre fanática de ciegos, que en un laberinto cerrado se tropezaban y atropellaban de modo que algunas almas sensibles y filosóficas desearon a su pesar el antiguo estado salvaje. He aquí la primera época en que las luces o, por mejor decir, las opiniones, son dañosas.

La segunda es en el difícil y terrible paso de los errores a la verdad, de la oscuridad no conocida a la luz. El choque inmenso de los errores útiles a pocos poderosos contra las verdades útiles a muchos desvalidos, la reunión y el fermento de las pasiones, que se despiertan en aquella ocasión, causan infinitos males a la miserable humanidad. Cualquiera que reflexione sobre las historias en quienes después de algunos intervalos de tiempo se halla cierta semejanza cuanto a las épocas principales, encontrará muchas veces una generación entera sacrificada a la felicidad de aquellas que le suceden en el trabajoso, pero necesario, paso de las tinieblas de la ignorancia a la luz de la filosofía, y de la tiranía a la libertad, que son las consecuencias. Pero cuando calmados los ánimos y extinguido el fuego que ha purificado la nación de los males que la oprimen, la verdad, cuyos progresos son lentos al principio y después acelerados, se sienta como compañera sobre el trono de los monarcas, y tiene culto y aras en los parlamentos de las repúblicas, ¿quién podrá entonces afirmar que el resplandor que ilumina la muchedumbre sea más dañoso que las tinieblas, y que las verdaderas y simples relaciones de las cosas bien conocidas por los hombres les sean funestas?

Si la ciega ignorancia es menos fatal que el mediano y confuso saber, porque éste añade a los males de la primera los del error inevitable en quien tiene una vista limitada a espacios más cortos que aquel donde llegan los confines de la verdad, el hombre iluminado es el don más precioso que puede hacer a la nación y a sí mismo el soberano, creándolo depositario y guardador de las leyes santas. Enseñado a ver la verdad y a no temerla, privado de la mayor parte de las necesidades de la opinión nunca bastantemente satisfechas, que hacen experiencia de la virtud en la mayor parte de los hombres, acostumbrado a contemplar la humanidad desde las más elevadas atalayas, es en su inteligencia la nación una familia de hombres hermanos, pareciéndole tanto menor la distancia de los grandes al pueblo cuanto es mayor la masa de la humanidad misma que tiene delante de los ojos. Los filósofos tienen cuanto necesitan, y de los intereses no conocidos por los hombres comunes, aquel principalmente de no desmentir en la luz pública los principios predicados en la obscuridad, adquiriendo el hábito de amar la verdad por sí misma. Un escogimiento de tales hombres forma la felicidad de una nación; pero felicidad momentánea si las buenas leyes no aumentan de tal manera el número que disminuyan la probabilidad, siempre considerable, de una mala elección.

MAGISTRADOS

Otro medio de evitar los delitos es interesar al cuerpo ejecutor de las leyes más a su observancia que a su corrupción. Cuanto mayor fuere el número que lo componga, tanto es menos peligrosa la usurpación sobre las leyes, porque la venalidad es más difícil en miembros que se observen entre sí, y son menos interesados en acrecentar la autoridad propia, cuanto es menor la porción que tocaría a cada uno, principalmente comparada con el peligro del atentado. Si el soberano con el aparato y con la pompa, con la austeridad de los edictos y con no permitir las quejas justas e injustas de los que se juzgan ofendidos, acostumbra los súbditos a temer más los magistrados que a las leyes, éstos se aprovecharán de su temor más de lo que convenga a la seguridad privada y pública.

RECOMPENSAS

Otro medio de evitar los delitos es recompensar la virtud. S0bre este asunto observo al presente en las leyes de todas las naciones un silencio universal. Si los premios propuestos por las Academias a los descubridores de las verdades provechosas han multiplicado las noticias y los buenos libros, ¿por qué los premios distribuidos por la benéfica mano del soberano no multiplicarían asimismo las acciones virtuosas? La moneda del honor es siempre inagotable y fructífera en las manos del sabio distribuidor.

EDUCACIÓN

Finalmente, el más seguro pero más difícil medio de evitar delitos es perfeccionar la educación, objeto muy vasto y que excede los límites que me he señalado, objeto, me atrevo a decirlo, que tiene vínculos demasiadamente estrechos con la naturaleza del gobierno, para que no hubiera sido siempre, hasta en los siglos más remotos de la pública felicidad, un campo estéril y solo cultivado aquí y allá por un corto número de sabios. Un grande hombre, que ilumina la misma humanidad que lo persigue, ha hecho ver por menor cuáles son las principales máximas de educación verdaderamente útiles a los hombres, esto es, que consisten menos en una estéril muchedumbre de objetos que en la elección y concreción de ellos, en sustituir las copias por los originales en los fenómenos así morales como físicos, que la causalidad o la industria ofrece a los tiernos ánimos de los jóvenes, en guiar a la virtud por el camino fácil del sentimiento y en separar del mal por el infalible de la necesidad y del inconveniente, en vez de hacerlo por el incierto del mando y de la fuerza, por cuyo medio se obtiene solo una disimulada y momentánea obediencia.

DEL PERDÓN

A medida que las penas son más dulces, la clemencia y el perdón son menos necesarios. ¡Dichosa aquella nación en la cual sean funestos! Esta clemencia, esta virtud que ha sido alguna vez en un soberano el suplemento de todas las obligaciones del trono, debería ser excluida en una perfecta legislación donde las penas fuesen suaves y el método de juzgar arreglado y corriente. Parecerá esta verdad dura a los que viven en el desorden del sistema criminal, en que los perdones y las gracias son necesarias a proporción de lo absurdo de las leyes y de la atrocidad de las sentencias. Ésta es la más bella prerrogativa del trono, éste el atributo más apetecible de la soberanía, y ésta es la tácita desaprobación que los benéficos dispensadores de la felicidad pública dan a un código que con todas las imperfecciones tiene en su favor la preocupación de los siglos, el voluminoso y arbitrario atavío de infinitos comentadores, el grave aparato de las formalidades eternas, y el apego de los más astutos habladores y menos temidos semidoctos. Pero considérese que la clemencia es virtud del legislador, no del ejecutor de las leyes; que debe resplandecer en el código, no en los juicios particulares; que hacer ver a los hombres la posibilidad de perdonar los delitos, y que la pena no es necesaria consecuencia suya, es fomentar el alago de la impunidad, y manifestar que, pudiéndose perdonar, las condenas no perdonadas son más bien violencias de la fuerza que providencias de la justicia. ¿Qué deberemos pensar cuando el príncipe concede perdón, esto es, la seguridad pública a un particular, y que con un acto privado de mal entendida beneficencia forma un decreto público de impunidad? Sean, pues, inexorables las leyes e inexorables sus ejecutores en los casos particulares, pero sea suave, indulgente y humano el legislador. Sabio arquitecto, haga que su edificio se levante sobre las basas del propio amor, y que el interés general sea lo que resulte de los intereses particulares, para no verse obligado cada instante a separar con leyes parciales y con remedios tumultuarios el bien público del bien de cada uno, y a elevar el simulacro de la salud pública sobre el terror y sobre la desconfianza. Profundo y sensible filósofo, deje que los hombres, hermanos suyos, gocen en paz aquella corta porción de felicidad que el inmenso sistema establecido por aquel que conocemos como primera Causa de lo existente, les permite gozar en este ángulo del universo.

CONCLUSIÓN

Con esta reflexión concluyo. La gravedad de las penas debe ser relativa al estado de la nación misma. Más fuertes y sensibles deben ser las impresiones sobre los ánimos endurecidos de un pueblo recién salido del estado de barbarie. Al feroz león, que se revuelve al golpe de un arma limitada, lo abate el rayo. Pero a medida que los ánimos se suavizan en el estado de sociedad, crece la sensibilidad, y creciendo ésta, debe disminuirse la fuerza de la pena, siempre que quiera mantenerse una relación constante entre el objeto y la sensación.

De cuanto hasta aquí se ha dicho puede sacarse un teorema general muy útil, pero poco conforme al uso, legislador ordinario de las naciones, esto es: para que toda pena no sea violencia de uno o de muchos contra un particular ciudadano, debe esencialmente ser pública, pronta, necesaria, la más pequeña de las posibles en las circunstancias actuales, proporcionada a los delitos, dictada por las Leyes.

FIN.

Copyright © 2021 by Alicia Editions
Cover design: Canva.com
All rights reserved.

www.ingramcontent.com/pod-product-compliance
Lightning Source LLC
LaVergne TN
LVHW091047100526
838202LV00077B/3068